Lerntechniken Erfolg in der Schule

Wie du mit Hilfe effizienter Lerntechniken zum Überflieger deiner Klasse wirst und mit intelligentem Zeitmanagement mehr Freizeit gewinnst.

Marlene Nilsson

1. Auflage

2020

Inhaltsverzeichnis

Inhaltsverzeichnis 2

Vorwort 6

Warum lernen? 7

Warum fällt es so schwer zu lernen? 9

FALSCHE MOTIVATION 9
FALSCHE ZIELSETZUNG 10
PERFEKTIONISMUS 11
FALSCHES KLIMA 12
DIE FALSCHE TEMPERATUR UND ZU WENIG SAUERSTOFF 13

Krankheiten die das Lernen beeinträchtigen 15

AD(H)S (AUFMERKSAMKEITSDEFIZIT-/HYPERAKTIVITÄTSSTÖRUNG) 16
LEGASTHENIE 17
DYSKALKULIE 19
DYSPRAXIE 20
FAZIT 20

Die verschiedenen Lerntypen 21

VISUELLER LERNTYP 21
AUDITIVER LERNTYP 22
HAPTISCHER LERNTYP 23
KOMMUNIKATIVER LERNTYP 24
DEN EIGENEN LERNTYP ERKENNEN 24

Was benötige ich zum richtigen Lernen? 27

Die richtige Umgebung 27

Ordnung 28

Arbeitsplatz 29

Musik 30

Ruhe 31

Die richtige Einstellung 32

Selbstmotivation 32

Negative Glaubenssätze abschaffen 33

Positiv an die Sache gehen 34

Die richtige Vorbereitung 36

Mehr Motivation zum Lernen 38

Ziele setzen 38

Warum? 39

SMART 40

Zwischenziele 42

WOOP 43

Belohnungen ausdenken 44

Süßes 46

Spazieren 47

Sport 48

Freunde treffen 49

Zocken 50

Feiern 50

Größere Belohnungen 51

Zeitmanagement 52

Deine Zeiten erkennen und nutzen 53

Festgelegte Lernzeiten 54

Routine 54

Nur noch 20 Minuten 55

Die richtige Vorbereitung 58

Deine Lernzeiten nutzen 58

Das richtige Lernmaterial 59

Welche Lernmaterialien gibt es? 59

Termine im Auge behalten – Kalender 62

Recherchieren 63

Prioritäten setzen 64

Die Aufgaben einteilen 65

Den Arbeitsplatz vorbereiten 67

Ordnung 67

Temperatur 68

Sauerstoff 70

Beleuchtung 71

Wohlfühlen 72

Ausreichend Schlaf 75

Gutes Essen 76

Genug Sport und Bewegung 78

Ablenkung beseitigen 78

Die verschiedenen Lernmethoden 80

Auswendiglernen 80

Pomodoro-Technik 83

Lerngruppen 85

SQ3R 87

PQ4R Methode 89

Karteikarten 91

Mindmap 92

Brainstorming 93

Wiederholung 94

Inhaltsverzeichnis 95

Zusammenfassen 96

Visualisierung 97

Spickzettel 98

Diskutieren 99

Aufnehmen und abhören 99

Nur noch wenig Zeit 100

Ausgleich ist wichtig 104

Freizeitgestaltung 105

Meditation 106

Spaziergänge 107

Selbst herunterfahren durch Atmen 108

Das richtige Vorgehen bei Prüfungen 110

Schlusswort 112

Haftungsausschluss 113

Urheberrecht 114

Impressum 115

Vorwort

Vielen Dank, dass du dieses Buch gekauft hast. Vermutlich geht es dir ähnlich wie mir damals als Schüler. Du willst lernen, hast vielleicht noch während des Unterrichts die Motivation und spätestens, wenn du zu Hause ankommst, ist es vorbei. Möglicherweise existiert bei dir nicht einmal die Motivation etwas zu tun, doch sitzen bleiben willst du auch nicht, oder? Dann ist das Buch hier genau das Richtige für dich. In diesem Buch werde ich dir einige Wege aufzeigen, die dir helfen werden, deinen Lerntyp zu bestimmen und die dich auf dem Weg zu einer erfolgreichen Schulzeit und guten Noten begleiten. Denn nicht jeder Mensch ist gleich, jeder lernt anders und anders gut. Doch was ich genau meine, wirst du im Verlauf dieses Buches erfahren.

Warum lernen?

Diese Frage stellen sich viele Schüler, da bist du nicht alleine. Vermutlich werden dir auch deine Eltern stets sagen, dass du lernen sollst, damit du im Leben etwas erreichst. Doch warum solltest du das?

Ganz einfach: Lernen ist die Grundlage des Lebens. Wir beginnen bereits nach der Geburt damit zu lernen, indem wir anfangen die Welt zu erkunden. Studien belegen, dass Kinder zuerst noch verschwommen sehen, doch sie nehmen die Wärme und Liebe ihrer Eltern wahr und erkennen bereits Stimmen. Nach und nach beginnen sie zu sehen und erkennen Gesichter, welche mit den Stimmen verknüpft werden. Die Bewegungen eines Babys ändern sich von Woche zu Woche, bis es krabbelt und später läuft. Während dieser Zeit entwickeln sie ihre eigene Sprache, also lernen sie auch in diesem Bereich. Farben und Formen werden erkannt und später sogar benannt. So startet der Lernprozess ganz automatisch.

Ohne zu lernen, würden wir Menschen heute nicht an dem Punkt stehen, an dem wir es tun. Es gäbe keine Smartphones, keine Computer, keine Videospielkonsolen. Auch das Bad das wir nutzen, die Küchengeräte, die Stühle und Tische wären nicht als solche vorhanden. Keine Autos, keine Lichter, noch nicht einmal die Häuser würden existieren, wenn die Menschen nicht lernen und sich damit weiterentwickeln würden. Kurz gesagt: Wir lernen, um uns weiterzuentwickeln.

Auch wenn du aktuell nicht an dich glaubst, vielleicht nicht einmal etwas an der Welt bewegen willst, kannst du mir gerne glauben, du bist einer der wertvollsten Menschen der Welt und wirst etwas verändern. Vielleicht nicht in der breiten Masse, doch in deinem eigenen Umfeld. Genau deswegen ist es wichtig zu lernen. Egal wie du heute zu dir stehst, zeige der Welt dort draußen wer du bist und was du aus dir machen kannst. Hierbei unterstütze ich dich gerne, du bist nicht allein!

Warum fällt es so schwer zu lernen?

Gut, ich habe oben bereits einige Beispiele angebracht, weshalb du lernen solltest. Doch gleichzeitig steht die Frage im Raum: Warum fällt es uns so schwer? Vermutlich kannst du dich nach der Schule kaum aufraffen deine Hausaufgaben zu machen. Danach sollst du dich auch noch dazu bringen zu lernen? Darauf hast du einfach keine Lust. Doch woher kommt diese Unlust? Im Folgenden nenne ich dir ein paar Beispiele, woher diese Unlust kommen kann.

Falsche Motivation

Frage dich einmal, was deine Motivation ist zu lernen. Motivation ist das A und O jedes Bestrebens. Wenn du nun also eine falsche Motivation aufweist, wirst du dich nie langfristig dazu bewegen können zu lernen. Falsche Motivationen können unter anderem sein:

- Dein Lehrer soll dich nicht weiter nerven.
- Deine Eltern sollen stolz auf dich sein.
- Du willst eine Strafe aushebeln, die dir auferlegt wurde.
- Du willst jemand anderem imponieren, damit er/sie dich beachtet.

Natürlich kann dich diese Form der Motivation einige Schritte näher an dein Ziel bringen und vielleicht wirst du damit sogar die ein oder andere gute Note erreichen. Doch wird sie nicht langfristig halten, denn es sind Motivationen, die von anderen abhängig sind. Was, wenn du eine gute Note mit nach Hause bringst? Deine Eltern werden stolz auf dich sein, keine Frage. Doch spätestens nach der dritten guten Note ist dies Normalität und die Freude nicht mehr ganz so intensiv. Dies wird dich wieder in die Abwärtsspirale werfen, denn die Anerkennung, die du dir einholen möchtest, wird so nicht mehr existieren.

Falsche Zielsetzung

Neben deiner Motivation steht die Zielsetzung. Wenn du bereits mittelgute Noten schreibst, dann kannst du mit etwas Übung zur Spitzenleistung kommen. Doch meist verlangen wir viel zu viel von uns selbst. Wenn du heute eine 3 in Deutsch hast, wirst du es nicht schaffen, morgen bereits eine 1 zu schreiben. Dieser Prozess dauert einige Wochen, vielleicht sogar Monate. Denn das, was dich dazu gebracht hat eine 3 zu erhalten, muss aufgeholt und das Neue noch hinzugelernt werden. Natürlich ist dies möglich, doch nicht über Nacht. Denke einmal an das Kind zurück, das Laufen lernt. Es schafft es auch nicht innerhalb von einem Tag herumzurennen, wie sie es meist im Kindergarten können. Es muss erst einmal einen Schritt gehen, dann fünf, dann zehn und so weiter. Genauso ist es auch mit deinen Zielen. Wenn du dir zu viel auferlegst, wird deine Lust sinken und am Ende werden deine Noten bleiben, wie sie sind oder sich vielleicht sogar verschlechtern.

Perfektionismus

Ähnlich wie mit den falschen Zielen geht es mit dem Perfektionismus. Kein Mensch der Welt ist perfekt, also vergiss es, selbst so sein zu wollen. Natürlich brauchen wir einen gewissen Anreiz, keine Frage, doch es wird immer jemanden geben, der in einer Sache besser ist als du. Gleichzeitig ist er in einer anderen aber schlechter, das ist ganz normal. Außerdem machen Menschen Fehler. Ohne diese Fehler wären einige der herausragendsten Erfindungen gar nicht entstanden oder manche Entdeckungen unerkannt geblieben.

Wenn du dir selbst auferlegst perfekt zu sein, beginnst du dich zu verzetteln. Denn wenn das eine Wort oder das Komma hinter der Zahl nicht perfekt sitzt, dann muss es nachkorrigiert und ausgebessert werden, bis es perfekt ist. Dies führt zu einem enormen Stress und einer Anspannung, die so nicht existieren sollte. Natürlich möchte ich dich hier nicht aufrufen dauerhaft Fehler zu begehen, ganz im Gegenteil. Doch gleichzeitig ist der größte Fehler, den du begehen kannst, zu versuchen perfekt zu sein. Sei ein Mensch, nimm deine Fehler hin und lerne daraus, ihn kein zweites Mal zu machen. Wenn etwas nicht perfekt ist, ist es einzigartig. Denn nur so können wir Menschen, jeder für sich, einzigartig sein!

Falsches Klima

Mit dem Wort „Klima“ meine ich in diesem Bezug nicht zwangsläufig die Temperatur. Allerdings spielt diese, ebenso wie der Sauerstoffgehalt in deinem Raum, eine wichtige Rolle, auf die ich im nächsten Abschnitt dieses Kapitels genauer eingehen werde.

In diesem Bereich geht es eher um das zwischenmenschliche Klima. Du hast dich mit deinen Eltern oder deinem Partner/deiner Partnerin gestritten? Dir hängen noch ganz viele Aussagen deiner Freunde im Kopf, die dir nicht gefielen? Das ist das Klima, von dem ich spreche. Wenn wir in unseren Gedanken noch in Streitigkeiten verwickelt sind, fällt es uns schwer uns zu konzentrieren. Natürlich schaffen wir es nicht unser Leben lang allen Streits aus dem Weg zu gehen, aber wir können klein anfangen, indem wir uns selbst betrachten und vielleicht ein bisschen ruhiger werden. Wenn du beginnst, keine Angriffsoberfläche mehr zu bieten und immer freundlich bist, kannst du einen großen Beitrag dazu leisten, das Klima deines Umfeldes zu verbessern und dir einen angenehmeren Lernort zu schaffen.

Gleichzeitig gibt es einige andere Möglichkeiten dich selbst nach einer hitzigen Debatte zu beruhigen und herunterzufahren. Dies werde ich dir im Kapitel „Ausgleich ist wichtig“ genauer erläutern. Denn auch wenn die dortigen Übungen als Ausgleich zum Lernen gedacht sind, kannst du viele bereits machen, um dich selbst auch nach einer Stresssituation auszugleichen.

Die falsche Temperatur und zu wenig Sauerstoff

Wie zuvor schon erwähnt, spielt auch die falsche Temperatur und zu wenig Sauerstoff eine große Rolle in Bezug auf die eigene Konzentration. Wenn dein Körper damit beschäftigt ist die Temperatur, ob es nun zu warm oder zu kalt ist, auszugleichen, raubt er dir einiges an Energie, die du für das Lernen und vor allem für die Konzentration benötigst.

Gleichzeitig braucht er ausreichend Sauerstoff. Sicherlich weißt du, dass unser Gehirn alle Prozesse unseres Körpers steuert. Dabei teilt es den Körper in unterschiedliche Prioritäten. Begonnen wird mit dem Herzen, denn ohne dieses läuft nichts mehr. Danach geht es ans Stammhirn, das dafür verantwortlich ist, dass wir atmen und existieren. Danach beginnt es mit den wichtigsten Organen, dann die weniger wichtigen Organe, danach die Extremitäten wie deine Arme und Beine und zum Schluss die restlichen Funktionen deines Gehirns wie das Lernen oder auch das Sprechen. Du kennst sicherlich die eingeschränkten Funktionen in Bezug auf Alkohol. Damit betäubst du dein Gehirn, sodass es beginnt sich auf die Grundfunktionen zu konzentrieren.

Das Gleiche passiert bei zu wenig Sauerstoff. Es wird nach und nach die Funktionen mit weniger Priorität abschalten und aufhören sie mit Sauerstoff zu versorgen, damit du weiter existieren kannst. Deswegen wird bereits recht früh deine Denkleistung nachlassen. Es fällt dir schwer, dich zu konzentrieren und du wirst immer müder und träger.

Deswegen ist regelmäßiges Lüften wichtig. Das gilt auch in Klassenzimmern.

Vielleicht denkst du dir jetzt: Gerade im Winter, wenn wir Lüften, wird es zu kalt!

Das ist teilweise richtig. Doch zu wenig Sauerstoff ist schlimmer als die Kälte. Zumal du je nach Größe des Raumes und Anzahl der Personen nur zwei bis fünf Minuten für alle ein bis drei Stunden lüften musst. Die Heizungen können danach bereits wieder laufen.

Krankheiten die das Lernen beeinträchtigen

Es gibt tatsächlich einige Krankheiten, die das Lernen beeinträchtigen können. Wichtig ist diese zu erkennen und die nötigen Wege einzuschlagen. Sie so gut es geht einzudämmen, damit man mithalten kann. Es gibt für alle Probleme Lösungen und vor allem ist es wichtig, sich dieser Schwäche bewusst zu werden. Es ist nicht schlimm, unter einer der folgenden Krankheiten zu leiden und nenne dich keineswegs „dumm“ dafür. Denn eher das Gegenteil ist der Fall. Viele Menschen die unter den folgenden Erkrankungen leiden, besitzen einen hohen IQ. Die Intelligenz an sich hat nichts damit zu tun, dass du eine Schwäche besitzt. Jeder hat Schwächen, deine liegt eben im Lernen. Doch es gibt Wege diese zu bekämpfen. Meist beginnt es mit einer Therapie.

AD(H)S (Aufmerksamkeitsdefizit-/Hyperaktivitätsstörung)

AD(H)S ist eine der bekanntesten Lernschwächen. Ungefähr 5,3 % aller Kinder und Jugendlichen sind davon betroffen. Allerdings wird diese Krankheit viel häufiger diagnostiziert, da man sie gerne verwechselt.

Wenn ein Kind aufgedreht ist, sich womöglich schwer konzentrieren kann, handelt es sich nicht gleich um AD(H)S. Oftmals liegt das nur an den allgemeinen Lebensumständen wie häufiger Streit in der Familie, zu wenig Bewegung oder wenig Möglichkeiten, sich selbst zu beschäftigen. Nein, unter Beschäftigung zählen hierbei weder Smartphone und Computer noch irgendwelche Konsolen. Menschen haben unglaublich viel Energie in sich, Kinder mehr als Erwachsene, die in Kreativität und Bewegung gesteckt werden sollte oder in das Lernen.

Daher ist es wichtig, Kindern die Möglichkeit zu bieten, ihrer Energie freien Lauf zu lassen, indem man mit ihnen die Spielplätze unsicher macht, spazieren geht und ihnen die Chance bietet, die Kreativität auszuleben. Ob dies nun mit einem Blatt Papier und Stiften oder mit Bauklötzen, Puppen oder Autos geschieht, hängt dabei von dem Kind selbst ab.

Ist es allerdings ausgeglichen und kann sich dennoch nur schwer konzentrieren, kann es sich dabei um AD(H)S handeln. Daher ist es wichtig, bei einem Verdacht direkt einen Therapeuten aufzusuchen. Glücklicherweise ist es heutzutage nicht mehr verwerflich, einen Psychologen zu besuchen und mit diesem über die eigenen Probleme zu sprechen. Sollte man wirklich positiv auf AD(H)S getestet werden, gibt es unterschiedlichste Methoden es zu behandeln. Manchmal verwächst es sich mit der Pubertät oder es schwächt ab, doch mit den richtigen Therapiemethoden oder mit Medikamenten kann man diese Erkrankung gut behandeln.

Wichtig dabei zu wissen ist, dass es nicht DAS ausschlaggebende Merkmal gibt. Die Symptome sind von Person zu Person unterschiedlich und werden daher auch nicht immer erkannt. Vor allem wenn keine Hyperaktivität beinhaltet ist.

Legasthenie

Eine weitere Erkrankung, die sehr bekannt ist und glücklicherweise auch als solche anerkannt wird, ist die Legasthenie. Hierbei gibt es allerdings auch verschiedene Varianten. Zum einen werden häufig Buchstaben in Wörtern verwechselt wie zum Beispiel „Fliegen“ und „Vliegen“.

Außerdem fällt es Menschen, die unter dieser Erkrankung leiden, oft schwer, das gesprochene

Wort auf Papier zu bringen. Meist sind sie sehr wortgewandt, doch wenn es darum geht, Wörter niederzuschreiben, fehlt ihnen der richtige Wortlaut. Bekannt ist, dass etwa 4 % aller Kinder und Jugendlichen von dieser Erkrankung betroffen sind. Doch viele Gesundheitsorganisationen und Ärzte gehen davon aus, dass die Dunkelziffer, also die Zahl der Personen die darunter leiden und nicht erkannt werden, viel größer ist.

Legasthenie ist allerdings der Überbegriff für einige Erkrankungen, welche alle mit dem gesprochenen oder dem geschriebenen Wort zu tun haben. Darunter zählt die Lese-Rechtschreib-Schwäche (LRS), die isolierte Rechtschreibstörung (RS) und die isolierte Lesestörung (LS).

Der Vorteil der Legasthenie ist, dass es bereits in der Grundschule erkannt und behandelt werden kann. Je früher es erkannt wird, desto schneller kann etwas dagegen unternommen werden.

Hierbei kann es helfen, viel zu lesen und auch zu schreiben. Dies allerdings in der eigenen Geschwindigkeit. Das erfordert ein hohes Maß an Geduld.

Eine weitere Übung ist die Metronomübung. Hierbei wird entweder geklatscht, geklopft oder ein Metronom, sofern vorhanden, gibt einen Takt vor, in dem man Silbe für Silbe liest. Dies steigert die Konzentration und der Zusammenhang der Wörter kann besser erfasst werden.

Eine weitere Übung ist das Nachschreiben einzelner Wörter. Wenn man genau weiß, welche

Wörter man oft falsch schreibt, kann es helfen, diese immer und immer wieder auf Papier zu bringen.

Natürlich ist auch in diesem Fall eine Therapie von Vorteil, denn ein Psychologe kann genauer sagen, welche Übungen geeignet sind und ob es sich wirklich um Legasthenie handelt. Außerdem kann er dies attestieren, was in Schulen oftmals einen kleinen Bonus in den Noten wiedergibt.

Dyskalkulie

Eine weitere Lernschwäche ist die Dyskalkulie. Sie ist genauer gesagt die Legasthenie für Zahlen, also eine Rechenschwäche. Es wird vermutet, dass in etwa 5-7 % der Weltbevölkerung davon betroffen ist. Hierbei fehlt das Fundament des mathematischen Verständnisses.

Dies kann ebenfalls mit vielen Übungen und einer gut angesetzten Therapie stark verbessert werden. Doch leider wird diese Therapie, anders als bei der Legasthenie, in Deutschland noch nicht anerkannt und somit nicht finanziert. Wenn man also rein unter Dyskalkulie leidet, muss man die Therapie entweder selbst zahlen oder versuchen mit gezielten Übungen das eigene mathematische Verständnis besser aufzubauen.

Sollte eine Kombination aus Dyskalkulie und Legasthenie oder AD(H)S vorliegen, wird die Therapie meist von den Krankenkassen übernommen. Hierzu sollte man sich auf jeden Fall informieren.

Dyspraxie

Die Dyspraxie ist in Deutschland noch nicht so bekannt wie die zuvor genannten Erkrankungen und dennoch eine sehr stark beeinträchtigende Lernschwäche. Hierbei handelt es sich um eine Störung der Motorik und Koordination. Diese kann man bereits im Kleinkindalter erkennen. Denn Kinder oder Jugendliche die darunter leiden, haben es schwer, das Gleichgewicht zu halten oder schaffen es kaum, einen Stift richtig zu halten. Hierbei ist die Entwicklung meist etwas verlangsamt.

Dies kann allerdings mit einer gezielten Therapie und einigen Übungen ausgeglichen werden.

Fazit

Wenn du unter einer der oben genannten Erkrankungen leidest, fällt es dir vermutlich schwer, dich zu konzentrieren und richtig zu lernen. Doch wenn du dir die richtigen Übungen aneignest und vielleicht eine Therapie beginnst, kannst du dich stark verbessern.

Die verschiedenen Lerntypen

Wie bereits erwähnt, sind nicht alle Menschen gleich und das ist auch gut so. Denn nur dadurch, dass wir Individualisten sind, konnten wir es bereits so weit schaffen. Doch genau das ist auch der Grund, warum wir nicht alle gleich lernen. Die wohl bekanntesten Lerntypen wurden erst im Jahr 1975 von Frederic Vester unterteilt. Er hat die Menschen beobachtet und entdeckt, dass viele Menschen die unterschiedlichsten Sinne nutzen, um neue Dinge zu lernen. Daher gibt es diese Unterteilung.

Visueller Lerntyp

Wie die Überschrift bereits vermuten lässt, lernt der visuelle Lerntyp am besten über seine Augen. Er nimmt die Informationen visuell auf und speichert sie in seinem Kopf ab. Daher sind für diesen Lerntyp reine Texte oftmals schwer zu definieren oder Vorträge, bei denen rein gesprochen wird, meist unverständlich. Werden in einem Vortrag allerdings große Gesten verwendet oder Schaubilder, begreift der visuelle Lerntyp sofort, um was es sich handelt. Wenn du diesem Lerntyp angehörst, kannst du dir bei einfachen Vorträgen oder Texten kleine Skizzen anfertigen, um dich später genauer daran erinnern zu können.

Gerade das Lernen mithilfe der zuvor angefertigten Skizzen, mit Lernvideos oder mit Mind Maps, wird einen visuellen Lerntyp weiterbringen. Manchmal nennt man die Gabe dieses Lerntyps auch das fotografische Gedächtnis, denn er verbindet Wissen mit den im Kopf gespeicherten Bildern.

Kleiner Tipp: Wenn du diesem Lerntyp angehörst, beginne Texte als Bilder zu sehen. Jede einzelne Seite eines Buches ist ein Bild, also denke oder male dir dabei einen Rahmen um den Text. So kannst du auch auf die Seite besser zurückgreifen.

Auditiver Lerntyp

Der auditive Lerntyp hat es, gerade in der Schule, meist einfacher als die anderen, denn er lernt bereits vom gesprochenen Wort. Allerdings sind für ihn Aufgaben, bei denen man selbst etwas erarbeiten muss, schwerer zu lösen.

Er lernt durch das gesprochene Wort anderer. Oftmals sind diese Lerntypen diejenigen bei denen gedacht wird, dass ihnen das Wissen einfach nur „zufliegt“, da sie nichts mehr tun müssen, wenn sie den Stoff einmal gehört haben und diesen sofort wieder abrufen können.

Dieser Lerntyp beginnt die Texte im Kopf vorzuformulieren und vorzusagen, bevor er sie aufs Papier bringt. Dies kann oftmals einiges an Zeit in Anspruch nehmen.

Diesem Lerntypen fällt es allerdings schwerer, Bilder und Diagramme zu verstehen und er muss beginnen diese schriftlich auszuformulieren. Erst dann werden sie verstanden.

Kleiner Tipp: Wenn du diesem Lerntypen angehörst, lese dir das zu Erlernende laut vor und nimm es auf. Spiele es immer mal wieder ab, so kannst du es dir besser einprägen.

Haptischer Lerntyp

Der haptische Lerntyp lernt am ehesten bei der Umsetzung des Gelernten. Doch dies ist oftmals nicht möglich, da Unterricht zu 70-80 % aus Theorie besteht. Natürlich kann man für vieles, das gelernt werden muss, eine praktische Anwendung finden, doch dies geht nicht immer perfekt. Daher fällt es diesem Lerntypen oft schwer, richtig zu lernen.

Kleiner Tipp: Wenn du diesem Lerntypen angehörst, versuche das selbst geschriebene Wort als pragmatische Umsetzung anzusehen und beginne mit Imaginationen. Dort kannst du bereits in deinem Kopf das theoretische Wissen praktisch anwenden. Überlege dir eine Situation, auch wenn diese abwegig ist und beginne sie zu durchleben.

Kommunikativer Lerntyp

Der kommunikative Lerntyp hat es meist ähnlich einfach wie der auditive Lerntyp. Er muss das zu Erlernende selbst kommunizieren und lernt aus Diskussionen sowie Gesprächen über dieses Thema. Daher sind gerade Lerngruppen und Gruppenarbeiten für diesen Typen von Vorteil, da er dort das gelernte Wissen teilen und verfestigen kann.

Kleiner Tipp: Wenn du diesem Lerntyp angehörst, bitte deine besten Freunde mit dir den Lernstoff des Tages erneut durchzusprechen oder starte eine Diskussionsrunde.

Den eigenen Lerntyp erkennen

Nun ist es an der Zeit, deinen eigenen Lerntyp zu erkennen und zu bestimmen, sodass du die zuvor erwähnten Tipps für dich umsetzen kannst und weißt, auf welchen Ebenen du am besten lernst. Vielleicht weißt du bereits, welchem Typ du angehörst, dann ist die folgende Übung für dich nicht notwendig. Um deinen Typ genauer zu bestimmen, stelle dir bitte folgende Situationen vor:

Du befindest dich im Chemieunterricht und der Lehrer beginnt den Unterricht. Wann nimmst du die Informationen am besten auf?

1. Es reicht, wenn er es dir erzählt und du nimmst die Informationen direkt auf.
2. Die Informationen kannst du dir besser merken, wenn er ein Schaubild verwendet.
3. Erst wenn du selbst daran arbeiten darfst und die Übung umsetzt, kannst du dir das Gelernte einprägen.
4. Am besten merkst du dir die Informationen, wenn ihr in der Klasse darüber diskutiert.

Du setzt dich an deinen Schreibtisch in deinem Zimmer und bist bereit zu lernen. Wie gehst du am liebsten dabei vor?

1. Alleine geht gar nicht. Ich lerne mit einem Freund/einer Freundin zusammen, indem sie mir die Aufgaben erneut vorsagt.
2. Ich sehe mir die Aufgaben erneut an. Durch die Bilder, die ich mir neben die Aufgaben gemalt habe, weiß ich genau, worum es dabei geht.
3. Es fällt mir schwer, mich auf die Aufgaben zu konzentrieren. Ich würde lieber rausgehen und die Übungen austesten.
4. Ich spreche mit meinen Eltern über das gelernte Thema und beginne eine Diskussion.

Denke an deine letzte Schulstunde zurück. An was genau kannst du dich erinnern?

1. An alles! Ich weiß worüber der Lehrer sprach.
2. An die Bilder die der Lehrer zeigte und die Gesten die er bei seinen Worten machte.
3. An die Handarbeit die wir während des Unterrichts machen durften.
4. An die Gruppenarbeit und damit verbundenen Fragen und Antworten.

Sicherlich ist dir bereits aufgefallen, welche der Antworten zu welchem Lerntypen gehören. Vielleicht kannst du dich manchmal auch nicht zwischen zwei Antworten entscheiden. Das ist ebenfalls normal. Nicht jeder Mensch ist nur einer der oben genannten Lerntypen. Viele Menschen vereinen zwei oder sogar drei der Typen miteinander, was das Lernen am Ende vereinfacht. Wenn du dir immer noch unsicher bist, beginne Selbsttests. Du weißt jetzt, wo der Fokus der einzelnen Lerntypen liegt. Also kannst du beginnen dich genauer zu beobachten. Wann genau bleiben die Informationen für dich am besten hängen?

Was benötige ich zum richtigen Lernen?

Du hast bereits einiges darüber gelesen, was dein Lernen beeinträchtigt. Nun möchte ich dir hier helfen die richtige Wahl zu treffen, damit du loslegen kannst. Denn nicht nur frische Luft und ein angenehmes Klima sind wichtig, wenn es ums Lernen geht.

Die richtige Umgebung

Zum Klima gehört natürlich auch die richtige Umgebung. Überlege dir einmal gut, wo du wirklich abschalten kannst. Auch dies ist von Mensch zu Mensch unterschiedlich. Manche lernen besser in einem überfüllten Café, andere an ihrem Schreibtisch und wiederum andere in der freien Natur.

Überlege dir einmal, welche Umgebung es ist, die dir eine innere Ruhe verschafft. Wenn du es nicht schaffst, diese zu besuchen, da das Meer zu weit weg ist, du kein Feld in deiner Nähe hast oder draußen Minusgrade herrschen, dann nutze hier dein Smartphone oder Computer. Im Internet gibt es viele themenbezogene Hintergründe. Suche nach dem, was für dich das Richtige ist. Diese sind meist mit der passenden Musik unterlegt. Stelle es so auf, dass wenn du von deiner Arbeit aufsiehst, direkt das Meer entdecken kannst oder die Menschen am Nachbartisch siehst, wie sie sich unterhalten. So kannst du dir die Umgebung, die du zum Schreiben benötigst, virtuell herstellen und du wirst sehen, dass es dich ein gutes Stück weiterbringt.

Vielleicht fragst du dich, wie das gehen soll. Das ist ganz einfach erklärt: Unser Gehirn kann nicht zwischen Wahrheit und Lüge unterscheiden und es denkt in Bildern. Das bedeutet, wenn du ihm ein Bild einer lachenden Person vorlegst, kann es nicht unterscheiden, ob es sich dabei um eine echte Person oder eben nur ein Bild handelt. Natürlich weißt du es, doch dein Gehirn nimmt in diesem Moment nur das Lachen wahr und setzt dieses anschließend selbst um. Somit beginnst du selbst zu lächeln. Das Gleiche gilt für deine perfekte Umgebung. Die Bilder mit den passenden Geräuschen, die du dir zum Lernen schaffst, setzt dein Gehirn direkt so um, als wärst du in diesem Moment an Ort und Stelle.

Die Entspannung, die du in deiner Wunschumgebung verspürst, beginnt sich in dir auszubreiten und du kannst deine volle Konzentration auf deine Arbeit lenken.

Ordnung

Doch zu der richtigen Umgebung zählt auch die Ordnung. Vielleicht kennst du den Satz „Ordnung muss sein“, oder „Chaos im Kopf.“

Diese Sätze sagen nur aus, dass wir uns durch Unordnung schwerer konzentrieren können. Dabei ist allerdings wichtig zu erwähnen, dass jeder Mensch ein anderes Verständnis von Ordnung hat. Während bei den einen alles am rechtmäßigen Platz sein und alles glänzen muss, reicht es für die anderen aus eine gewisse Grundordnung zu wahren. Versuche dennoch deine Umgebung möglichst ordentlich zu halten, denn Unordnung verursacht Stress, denn dies und jenes muss noch erledigt werden. Auch wenn du glaubst, dass du diese Gedanken nicht hegst, werden sie irgendwo in deinem Unterbewusstsein auftauchen und dich bei deiner Konzentration stören. Daher schaffe das für dich wichtige Maß an Ordnung, sodass du dich rein auf deine Aufgaben konzentrieren kannst.

Arbeitsplatz

Wie bereits oben erwähnt, ist es wichtig, sich den richtigen Arbeitsplatz zu schaffen. Wenn du noch zu Hause wohnst, hast du vermutlich nur dein eigenes Zimmer. Erwachsene trennen ihren Arbeitsplatz meist strikt von ihrem Privatraum, sodass arbeiten im Schlafzimmer oder Wohnzimmer oftmals tabu ist. Dies ist dir vermutlich nicht möglich. Dennoch kannst du in deinem Zimmer einen eigenen „Raum“ für die Arbeit schaffen. Nutze dafür deinen Schreibtisch. Versuche also nicht von deiner gemütlichen Couch oder deinem Bett aus zu lernen. Natürlich ist es auch hier von Mensch zu Mensch unterschiedlich, doch ein Ort der für Entspannung und den Ausgleich zur Arbeit dient, sollte nicht gleichzeitig zum Arbeiten genutzt werden. Solltest du dein Zimmer nur zum Schlafen nutzen oder gar keinen Schreibtisch besitzen, versuche einen anderen Ort als deinen „Arbeitsplatz“ zu definieren und diesen auch nur als solchen zu verwenden.

Wie bereits erwähnt, denkt dein Gehirn in Bildern. Wenn du also einen Arbeitsplatz hast, den du immer als solchen verwendest, wird dein Gehirn irgendwann wissen: Dieser Ort dient der hohen Konzentration und Arbeit.

Musik

Musik ist ein sehr interessantes Thema, wenn es um das richtige Lernen geht. Natürlich kann sie uns genauso gut ablenken. Doch oftmals regt sie Synapsen in unserem Kopf an und steigert dadurch die Lernmöglichkeit. Allerdings ist nicht jede Musik dafür geeignet. Idealerweise verwendest du Melodien, die keine Texte haben. Viele hören zum besseren Lernen klassische Klaviersonaten oder Geigenmusik. Natürlich gehen auch Filmsounds, sofern sie dich nicht in die Filme werfen und deinen Fokus verändern. Manche schaffen es auch, bei Liedern mit Gesang zu lernen. Probiere es einmal für dich aus, welche Musik dir beim Lernen am besten liegt. Glaube mir, dein Fokus wird sich stark verändern.

Ruhe

Vielleicht denkst du dir jetzt: „Hä, wurde eben nicht von Musik und zuvor von der richtigen Umgebung, also auch einem Café gesprochen?"

Und du hast vollkommen recht. Allerdings ist die Ruhe an sich ebenfalls ein wichtiges Thema. Wenn du dich im Kreis deiner Familie befindest, wirst du an allen Gesprächen teilhaben wollen. Du wirst versuchen jedes Wort wahrzunehmen und dies auf Kosten deiner eigenen Konzentration. Das ist mit Ruhe gemeint. Kapsel dich von den Menschen um dich herum ab, solange du lernen willst. Sage ihnen, dass du dich die nächsten ein bis zwei Stunden konzentrieren musst. Setze, wenn du keinen anderen Arbeitsplatz in einem separaten Zimmer besitzt, Kopfhörer auf und spiele die Musik ab, die dir zusagt. Wenn du ermahnt wirst, dass du keine Musik hören sollst, kläre die Person auf, dass dies die Konzentration positiv beeinflusst im Vergleich zu den Gesprächen, die um dich herum stattfinden.

Gönne dir die Ruhe oder besser gesagt eigene Melodie, sodass du dich besser fokussieren kannst.

Die richtige Einstellung

Wie du bereits weißt, ist neben der richtigen Umgebung auch deine eigene Einstellung zu dem Thema sehr wichtig. Leider kannst du von niemandem die richtige Einstellung erhalten. Wie bereits in Kapitel 2 erwähnt, ist es fatal, sich nur durch die Hoffnung auf Anerkennung selbst zu motivieren. Du musst hinter dir selbst stehen. Nur so schaffst du es, dich und dein Lernverhalten zu verbessern. Hierbei musst du die richtige Einstellung zum Lernen erhalten. Wie du das schaffst, werde ich dir im Folgenden erklären.

Selbstmotivation

Beginnen wir mit deiner eigenen Motivation. Ich sagte ja bereits mehrfach, dass es falsch ist, sich mit der Hoffnung zu motivieren, dass andere dich für deine Arbeit loben. Beginne eine Motivation zu finden, warum du für dich lernen solltest. Lerne dich selbst zu motivieren, um deinen eigenen Weg zu gehen. Hierbei helfen dir Ziele, Wünsche und Träume, das was du einmal erreichen willst. Sehe es vor deinem inneren Auge. Auch wenn der Wunsch abwegig zu sein scheint, nimm ihn an. Glaube daran, dass du es erreichen kannst, wenn du dir nur genug Mühe gibst. Dies wird dich motivieren am Ball zu bleiben und weiterzumachen. Wie du mehr Motivation erlernen kannst, werde ich dir in Kapitel 6 noch ausführlicher erklären.

Eine gute Selbstmotivation ist der Grundstein der richtigen Einstellung des richtigen Lernens.

Negative Glaubenssätze abschaffen

Wir kennen sie alle, die negativen Glaubenssätze, die uns immer wieder davon abhalten, überhaupt zu beginnen. Vielleicht weißt du aktuell nicht, was ich meine.

Glaubenssätze sind die Sätze, die wir uns immer wieder in unserem Unterbewusstsein geben. Zu den negativen Glaubenssätzen gehören Sätze wie: „Ich bin dumm“, „Ich kann das eh nicht“, „Ich schaffe das nicht“ und viele weitere.

Gehe einmal in dich und überlege, welche dieser Sätze es sind, die dich tagein und tagaus quälen und möglicherweise sogar davon abhalten zu lernen?

Glaubst du, du bist nicht gut genug und wirst es auch niemals sein? Das ist falsch. Du hast vielleicht bisher nur den falschen Weg gesucht und noch nicht deinen eigenen gefunden.

Denkst du, du schaffst es nicht, besser zu werden? Doch, auch du kannst es schaffen. Du wirst vielleicht nicht perfekt, aber viel besser, wenn du nur dranbleibst und handelst, glaube mir. Wir sind Macher und wenn wir einmal beginnen, läuft alles von selbst.

Beginne nach und nach die negativen Sätze aus deinen Gedanken zu verbannen. Gib ihnen vielleicht Kontra und beweise dir selbst, dass sie nicht stimmen. Spätestens bei den ersten Erfolgen werden sie bereits leiser und nach und nach wirst du sie fast gar nicht mehr hören.

Vermutlich werden sie nie ganz verschwinden, da du nicht immer Spitzenleistungen erreichst. Doch lass nicht mehr zu, dass sie dich bestimmen. Du bist gut, so wie du bist, daran gibt es nichts zu ändern. Also, wenn die negativen Sätze mal wieder auftauchen, gib ihnen Kontra. Sage dir selbst: „Ja, dieses Mal war nicht so gut wie die letzten, aber das darf sein. Das nächste Mal wird wieder besser!"

Positiv an die Sache gehen

Das sagt sich so einfach, oder? Einfach alles positiv sehen! Doch interessanterweise ist es genauso einfach. Wir Menschen sind darauf geprägt, immer das Negative in den Situationen zu sehen und wahrzunehmen.

Stell dir einmal folgende Situation vor: Du fällst über das Ladekabel, das du am Vortag an den Strom gehängt hast.

Nun hast du zwei Möglichkeiten: Die erste und wahrscheinlich die, welche dir eher in den Sinn kommt, ist, dass du dich aufregst, da du nicht daran gedacht hast, dass dort das Kabel ist. Du beginnst dich dafür innerlich zu beschimpfen und die Wut kocht in dir hoch. Doch was bringen dir diese Emotionen am Ende? Stress und ein negatives Gefühl. Hast du daraus was gewonnen? Nein, ich glaube nicht.

Die zweite Variante und das ist die, die du dir antrainieren solltest, ist, dass du dir sagst: „Hey, das ist doof gelaufen. Ab sofort nehme ich eine andere Steckdose, dann passiert es nicht mehr.“

Mit dieser Aussage beginnst du gar nicht erst in die Negativspirale zu fallen. Deine Wut wird nicht hochkochen und du hast sogar aus der Situation gelernt. Beim nächsten Mal, wenn du dein Smartphone anschließt, überlegst du dir zweimal, an welche Steckdose du gehst und wirst dich an die Situation erinnern, während du diese im ersten Beispiel vermutlich sogar vergisst.

Von diesen Beispielen gibt es unglaublich viele, auch im Bereich der Schule. Wenn du eine schlechte Note erhältst, gibt es sogar drei Varianten.

Variante eins ist wie im oberen Beispiel: Du regst dich auf und beginnst dich selbst dafür fertigzumachen. Doch was bringt dir das am Ende? Kummer und Wut. Doch wird sich dadurch etwas ändern? Sicher nicht.

Vielleicht bist du es auch gewohnt, schlechte Noten zu schreiben. Dann tritt meist Fall zwei ein. Du nimmst es mit einem Schulterzucken hin. „Ich kann ja eh nichts“ ist dann der Satz, der in deinem Inneren aufkommt. Zwar bist du dadurch nicht wütend, aber meist traurig, da du dir selbst nicht trauen kannst, oder? Leider geht es viel zu vielen Schüler/innen so.

Der dritte Fall ist der wünschenswerteste. Wenn du die Note erhältst, nimmst du es an und sagst dir: „Gut, die Note könnte besser sein. Das nächste Mal beginne ich früher zu lernen, damit die nächste Arbeit besser wird.“

Du hast aus der schlechten Note gelernt etwas Besseres zu machen. Vielleicht war es einfach einmal nicht dein Tag, dann kannst du es akzeptieren und dir und den Lehrern beim nächsten Mal beweisen, dass du es besser kannst.

Man kann alles Negative, das im Leben geschieht, von der anderen Seite betrachten. Denn egal was passiert, es ist immer neutral, bis du beginnst es zu beleuchten und am Ende die Licht- oder die Schattenseite betrachtest und für dich anerkennst. Doch wenn du beginnst den grauen Weg zu erkennen und das Licht in der Dunkelheit wahrzunehmen, wird sich auch deine Einstellung zu den Dingen verbessern.

Die richtige Vorbereitung

Natürlich bedarf es zum richtigen Lernen auch Vorbereitung. Du fragst dich vielleicht, wie du das anstellen sollst, immerhin hast du so kaum Zeit zum Lernen. Doch wenn du dich besser organisierst und dir einen Plan erstellst, wirst du viel effizienter lernen können.

Wenn du erst kurz vor knapp mit dem Lernen beginnst, weil du nicht mehr an deine Prüfung dachtest oder nichts von dieser mitbekamst, kann ich dir Kapitel 9 dieses Buches ans Herz legen. Dort geht es genau darum.

Zur richtigen Vorbereitung gehören die wichtigsten Materialien, die seelische Einstellung, dass es jetzt losgeht und auch der richtige Ort. Genauer werde ich dir alles in Kapitel 7 erklären, da dies ein eigenes Kapitel füllt.

Mehr Motivation zum Lernen

In Kapitel 5.2 habe ich bereits von der richtigen Einstellung gesprochen. Die meisten Schüler und da nehme ich mich selbst in dieser Zeit nicht raus, haben, generell keine Lust zu lernen. Doch, warum ist das so? Wirklich, weil sie keine Lust haben oder weil andere ihnen diese Unlust einreden? Willst du deine Ziele erreichen? Willst du besser in der Schule werden?

Ich denke, wir sind uns einig, dass du das willst. Alle möchten besser in dem werden, was sie sind. Daher ist es wichtig, die Motivation zu beleuchten. Denn nur, wenn du motiviert an die Sache herangehst, kannst du es schaffen, wirklich erfolgreich zu werden. Im Folgenden werde ich dir einige Dinge an die Hand geben, die dir helfen, deine Prioritäten zu erkennen und mehr Motivation zum Lernen, zu erlangen.

Ziele setzen

Das erste klingt bereits so einfach, wie es am Ende auch ist. Ich habe dich oben bereits gefragt, ob du deine Ziele erreichen willst. Doch gleichzeitig ist die Frage: Was sind deine Ziele?

Natürlich willst du besser werden, das ist klar, doch was ist das Ziel dahinter? Willst du einmal Arzt werden? Ein Architekt? Oder hast du einen anderen Traum, der sich nur mit guten Noten und Fleiß erreichen lässt? Willst du vielleicht der Welt da draußen zeigen, welches Potential in dir steckt und was du erreichen kannst? Vielleicht gibt es Menschen in deinem Leben, die glauben, dass aus dir nichts werden kann. Da kann es genauso gut dein Ziel sein, ihnen eine gute Note vorzuhalten und zu beweisen, wer du wirklich bist. Wie klingt das für dich?

Daher möchte ich dich bitten dir einmal deine Ziele vor Augen zu halten. Gib ihnen Namen und formuliere sie aus. Denn ein Ziel, dass du ausformuliert hast, wird dich den gesamten Weg über motivieren weiterzumachen, um diese am Ende zu erreichen.

Im Folgenden gebe ich dir drei Techniken an die Hand, die dir helfen deine Ziele erreichbar zu formulieren.

Warum?

Ich hatte eingangs erwähnt, dass du dir deine eigenen Ziele setzen solltest. Dabei ist eine Frage die wichtigste: Warum? Warum willst du dieses Ziel erreichen? Warum willst du überhaupt etwas tun? Warum solltest du beginnen dich zu motivieren?

Stelle dir dein persönliches Warum und schreibe es auf. Denn das ist dein Ziel!

SMART

Die SMART-Technik ist eine Möglichkeit deine Ziele so zu setzen, dass die Motivation, die du anfangs verspürst, sich nicht in das Gegenteil umwandelt.

SMART ist, wie du dir sicherlich bereits denkst, eine Abkürzung für:

S: spezifisch

M: messbar

A: attraktiv

R: realistisch

T: terminiert

Wie zuvor erwähnt, solltest du dir dein Ziel so genau wie möglich vor Augen halten. Natürlich kannst du sagen: "Ich will bessere Noten." Doch am Ende wirst du vermutlich nicht genug Motivation finden, denn du willst immer mehr und besser. Wenn du aber sagst: „Ich will mich um eine Note verbessern", hast du dir ein spezifisches Ziel vorgenommen, welches auch messbar ist.

Dieses Prinzip wurde für Projektmanager und Firmenchefs verfasst, kann dir allerdings bereits in der Schule weiterhelfen. Wenn du es einmal angewandt hast, kannst du es auch deine gesamte Lebenslaufbahn weiterverwenden.

Eben nannte ich dir bereits eine Möglichkeit, wie du dein Ziel spezifisch und messbar benennen kannst. Dies kann bei einer halben Note oder sogar mehreren Noten liegen. Nun liegt es an dir, wie du es dir attraktiv gestaltest. Zum einen kannst du eine Belohnung setzen, wenn du dein Ziel erreichst oder du findest bereits im Weg deine Lösung. Idealerweise willst du dein Ziel erreichen, um später im Leben einige Schritte voranzukommen, dann ist es die Attraktivität, die davon ausgeht. Nun kommen wir zum realistischen Teil des Ganzen. Ich denke, dir ist ebenfalls bewusst, dass du dich nicht binnen weniger Wochen um drei bis fünf Noten verbessern kannst. Dazu gehört Arbeit und Zeit. Je nachdem um welches Fach es sich handelt und in welcher Klasse du steckst, kann es sein, dass dir bereits die Basics fehlen und diese gilt es nachzuholen. Daher solltest du dein Ziel so realistisch wie möglich gestalten. Dies beinhaltet auch gleich die Terminierung. Natürlich kann es dein Ziel sein, statt einer 5 eine 2 oder sogar eine 1 zu erhalten, doch dann musst du dies so terminieren, dass es für dich realistisch ist. Überlege dir gut, wie viel Zeit du noch hast, um deine Ziele zu erreichen. Muss es gleich die Bestnote sein oder reicht es vielleicht vorerst einmal aus nicht mehr versetzungsgefährdet zu sein? Dann wäre eine 4 oder eine 3 schon erstrebenswert genug, oder? Also sage dir zum Beispiel: „Bis zur nächsten Klassenarbeit am 24.05. werde ich ausreichend lernen, um eine 3 zu schreiben und somit meinen Notendurchschnitt anzuheben, damit ich die nächste Klassenstufe erreiche!“

In diesem Beispiel siehst du perfekt das angewandte SMART-Prinzip. Du hast das spezifische Ziel, eine 3 zu erreichen, welches gleichzeitig messbar ist. Das Ziel ist attraktiv, denn damit kommst du der Versetzung einen Schritt näher. Es ist realistisch, da du noch ausreichend Zeit besitzt, auf diese Note hinzuarbeiten ohne dich gleich zu übernehmen und es ist terminiert, da du ein genaues Datum nennen kannst.

So kannst du all deine Ziele definieren und dich damit auseinandersetzen. Natürlich kannst du dies mit all deinen Zielen anwenden.

Zwischenziele

Das SMART-Prinzip zeigt einen Weg, deine Ziele zu erreichen. Wie bereits erwähnt, kannst du damit alle Ziele verfassen. Ob es nun große oder kleine Ziele sind, ist dir überlassen. Daher besteht die Möglichkeit, das große Ziel, die Bestnote, zu erreichen, wenn du dir dafür einen realistischen Termin stecken kannst. Doch egal welche Ziele du besitzt, die vermutlich in weiter Ferne stehen, bitte ich dich dir Zwischenziele zu überlegen. Denn auch wenn du realistisch betrachtet im nächsten Jahr deine Bestleistung geben kannst, wird irgendwann deine Motivation abflachen, denn der Weg zu einem entfernten Ziel ist weit. Wenn du dir nun allerdings kleine Zwischenziele steckst wie einzelne Noten, das Bestehen einer Prüfung oder ähnliches, dann wird deine Motivation anhalten und du gehst mit schnellen Schritten auf dein großes Ziel zu.

WOOP

Auch die WOOP-Methode bietet dir die Möglichkeit, deine Ziele so erreichbar es nur geht, zu formulieren. Hierbei steht die Abkürzung für:

W : wish

O : outcome

O : obstacle

P: plan

Das bedeutet übersetzt: Traum, Ergebnis, Hindernis und Plan.

In dieser Reihenfolge beginnst du deine Ziele auseinanderzunehmen. Fange damit an, das Ziel oder deinen Traum zu formulieren. Zum Beispiel: "Ich möchte mich um eine Note verbessern." Als nächstes stellst du dir vor, du hast dieses Ziel erreicht. Versuche es so gut du kannst zu visualisieren. Wie fühlst du dich dabei? Was werden deine Mitmenschen sagen? Ich denke, du wirst stolz und glücklich sein, oder?

Der dritte Schritt ist, dir die Hindernisse aufzuzeigen, die dir aktuell im Weg stehen, um dieses Ziel zu erreichen. Dies kann im oben genannten Beispiel deine eigene Unlust, eine schlechte Vorbereitung oder auch nicht so gelungener Unterricht sein. Wichtig hierbei ist, dass du dich nicht verurteilst. Nimm die Erkenntnisse wahr und schreibe sie nieder, aber beginne nicht dich dafür zu beschimpfen. Denn aktuell bist du dabei dieses Problem zu lösen und das beweist Stärke und Willenskraft.

Im letzten Schritt fängst du an dir zu überlegen, was du tun kannst, um das Hindernis aus dem Weg zu räumen. Liegt es bei dir, wird die Arbeit am leichtesten. Du kannst beginnen deine Einstellung zu dem Thema zu verändern, wenn dies nicht bereits in Punkt zwei geschehen ist. Auch wenn durch äußere Umstände entstandene Hindernisse auftreten und es so schwieriger wird, ist es allerdings nicht unmöglich. Du kannst dir deine eigenen Lernmaterialien zusammenzusuchen. Wenn du einmal etwas nicht findest, gibt es unzählige Lernportale, auf denen du kostenfreie Hilfe erhalten kannst oder du fragst deine Klassenkameraden oder die Mitschüler anderer Klassen um Rat. Du wirst sehen, dass die gefühlten großen Hindernisse sehr schnell ganz klein werden und so wird aus dem Elefanten wieder eine Mücke!

Belohnungen ausdenken

Nun kommen wir zu dem Punkt, der mich immer wieder schmunzeln lässt: Belohnungen. Unsere Gesellschaft ist geprägt von Maßregelungen und Strenge. Wenn wir einen Fehler begehen, werden wir dafür bestraft. Wenn wir eine schlechte Note mit nachhause bringen, sind alle enttäuscht, was ebenfalls einer Bestrafung gleichkommt, wenn diese nicht sogar damit folgt.

Egal in welcher Lebenslage du dich befindest, die meiste Zeit gibt es Strafen für vermeidlich falsch gemachte Arbeit und nur wenig Belohnungen, oder?

Mir erging es einst so und das ist der absolut falsche Weg. Wenn wir etwas nicht erreichen, neigen wir von Natur aus dazu, uns selbst zu bestrafen. Sei es mit Entzug von etwas oder nur mit schlechten und bösen Worten an uns selbst. Dies vermittelt uns ein ungutes Gefühl, das im Nachhinein in Unlust und Demotivation endet.

Damit beginnt bei den meisten Schülern/innen die Abwärtsspirale, die sie so weit bringt, am Ende nicht mehr zu lernen und sich mit Partys oder Treffen mit den Freunden von den negativen Gedanken abzulenken.

Daher ist es wichtig, diese Spirale zu unterbrechen und einmal etwas anders zu machen. Beginne dich für alles, das du erreichst und wenn es nur ein winziger Schritt ist, zu belohnen. Das mag im ersten Moment vielleicht komisch klingen, doch du wirst sehen, dass alleine dadurch deine Motivation stark ansteigt!

Die Belohnungen kannst du dabei staffeln in kleine, mittlere und große Belohnungen.

Kleine erhältst du für die kleinen Schritte. Eine durchgehaltene Lerneinheit, eine einfache Abfrage oder einen erfolgreichen Schultag. Die mittlere wenn du dir eine längere Zeit deinen Lernstoff behalten hast oder einen Test in der Schule erfolgreich gemeistert hast. Das bedeutet nicht, dass du eine Eins schreiben musst, sondern einfach deine Note gehalten oder leicht verbessert hast. Die Große erhältst du, wenn du eine Klassenarbeit geschafft hast oder wenn du deine Noten merkbar verbessert hast. Denke dabei an deine Ziele und das langsame Erreichen dieser. Gebe dir Belohnungen für jeden kleinen Schritt. So schaffst du es, dich auf den nächsten zu freuen und motivierter an diesen heranzugehen.

Im weiteren Verlauf dieses Kapitels zeige ich dir ein paar Dinge, die du als Belohnungen nutzen kannst. Viele wirst du vielleicht bisher als „Ausgleich" nutzen, um das Negative zu verdrängen. Doch sieh es ganz bewusst als eine Belohnung für etwas an, dass du heute richtig gut gemacht hast.

Ich höre auch heute noch oft in Diskussionen zwischen Erwachsenen und Jugendlichen davon, dass die Erwachsenen für ihre Arbeit durch das Gehalt entlohnt werden. Dies stimmt, daher ist es wichtig, dir selbst diesen Lohn zu geben. Er wird nicht in Form von Geld sein, wie es bei Arbeitnehmern der Fall ist, doch er wird die gleiche, wenn nicht sogar eine viel höhere Motivation bieten weiterzumachen.

Süßes

Eine der klassischen Belohnungen sind Süßigkeiten. Das ist das, womit bereits Kinder gerne belohnt werden, wenn sie etwas besonders gut gemacht haben. Gleichzeitig dient der enthaltene Zucker als Glücklichmacher. Doch ich meine bei diesen Süßigkeiten nicht die Schokolade oder die Gummibärchen, die du immer isst. Vielleicht gibt es eine Süßigkeit aus deiner Kindheit, die du geliebt hast? Denke einmal ganz genau nach. Dann versuche sie zu organisieren und belohne jede erfolgreiche Lerneinheit mit einer davon. Die positiven Erinnerungen die du damit verbindest, werden dich motivieren einen weiteren solchen Tag zu erreichen, damit du sie wieder und wieder erleben kannst. Wenn du eine solche Süßigkeit nicht hast, kannst du dir eine positive Erinnerung mit einer schaffen. Nimm hierfür etwas, dass für dich besonders ist. Die ersten zwei bis viermal wird es noch „normal" sein. Doch irgendwann wird dein Körper merken, dass das Gefühl des Erfolges mit dieser Süßigkeit verbunden ist und wird sich ab diesem Moment verdoppeln.

Wenn du keine Süßigkeiten magst, kannst du das Gleiche mit bestimmten Obstsorten oder getrockneten Früchten machen. Wenn auch das nicht dein Fall ist, keine Angst, es gibt noch viele weitere Wege dich zu belohnen.

Spazieren

Vielleicht fragst du dich, inwiefern spazieren gehen eine Belohnung sein soll. Doch unser Körper wünscht sich nichts mehr als Bewegung in der freien Natur. Einmal einfach durch die Welt laufen ohne Gedanken an irgendetwas zu hegen. Und genau da setzt das Spazieren gehen an. Du läufst einfach los ohne darüber nachzudenken. Wenn du eine Lerneinheit erfolgreich abgeschlossen hast, erfülle deinem Körper den Wunsch nach Bewegung.

Du kannst dabei abschalten und teilweise das Gelernte noch besser verinnerlichen, denn du denkst nicht schon wieder über alles nach. Versuche dabei, achtsam zu laufen. Nimm jeden Schritt wahr, den du gehst. Versuche die Vögel zu hören und die Luft zu schmecken. Wenn die Sonne scheint, versuche die Sonnenstrahlen auf deiner Haut zu spüren und das Glück, dass dein Körper in diesem Moment empfindet, auf dich zu übertragen. Denn du hast es dir verdient!

Sport

Ähnlich wie das Spazieren gehen, ist es mit dem Sport. Welcher Sport dir liegt, weißt nur du. Es gibt viele verschiedene Sportarten. Zuerst einmal unterteilen sich diese in Mannschafts- und Einzelsportarten. Danach in viele Bereiche. Überlege einmal, welchen Sport du am liebsten ausübst. Vielleicht ist Sport auch eine Qual für dich. Doch dann frage dich, warum? Denn meist gibt es immer eine Form, die einen interessiert und gefällt, doch diese muss erst erkannt werden.

Sobald du es weißt, beginne dich damit zu belohnen. Wenn es sich um einen einfachen

Einzelsport handelt, den du auch alleine ausüben kannst, tue dies. Informiere dich, wann und wo du es umsetzen kannst und setze dir Belohnungsziele.

Wenn es sich um einen Mannschaftssport oder einen Sport handelt, der mit anderen gemeinsam ausgeübt werden muss, beginne dich zu verabreden und diese Termine als Belohnungen für deinen Fleiß anzusehen.

Es mag anfänglich komisch erscheinen, doch mit der Zeit wird es immer angenehmer und schöner. Du wirst merken, wie viel mehr Motivation du alleine durch diese Belohnungen erhältst. Wie oben bereits erwähnt, wünscht sich dein Körper Bewegung. Wenn du sie ihm gibst, wird er sich bedanken, indem er deinen Geist stärkt. Es gibt immer etwas, das belohnt werden kann.

Freunde treffen

Hier sind wir bei einem Punkt angekommen, den wir gerne als Ausgleich für die nicht so tollen Momente nutzen. Doch du kannst diesen genauso gut umkehren. Wenn du eine Lerneinheit abgeschlossen hast, belohne dich ganz bewusst damit, dass du deine Freunde treffen darfst. Du darfst dir jetzt die Zeit nehmen, deinen Geist abzuschalten, denn du hast es wieder geschafft und etwas erreicht. Vielleicht motivierst du damit nicht nur dich selbst, sondern sogar deine Freunde, was dir ein zusätzliches Glücksgefühl geben wird. Vielleicht, je nachdem wie dein Freundeskreis aufgebaut ist, unterhaltet ihr euch während eurer Treffen über eure Erfolge. Natürlich können auch einmal die Misserfolge angesprochen werden, doch versucht die Gespräche positiv zu halten. Sieh die Treffen mit den Menschen, die dir wichtig sind, immer als Belohnung für deine geleistete Arbeit an!

Zocken

Zocken ist etwas, dass gerade in der heutigen Gesellschaft gang und gäbe ist. Wir tun es immer und fast überall. Ob nun über den PC, eine Spielekonsole oder einfach über das Smartphone. Ich würde behaupten, dass fast alle Menschen unter 60 Jahren und mehr als 50 % über 60 Jahren jeden Tag wenigstens ein paar Minuten an irgendeinem Spiel sitzen. Bei mir fing es bereits an, dass Jugendliche sich alleine oder gemeinsam vor eine Konsole setzten und so den Tag ausklingen ließen. Meist vergaßen sie dabei das Lernen. Heute ist dies weit mehr verbreitet, da die Möglichkeiten noch eine gute Spur größer wurden. Doch auch das kannst du als Lohn ansehen. Sage dir, dass du nach der Lerneinheit zocken darfst. Verabrede dich vielleicht mit dem Spielpartner oder nimm dir eine bestimmte Uhrzeit vor. Doch zuvor ist es wichtig, die eine Aufgabe zu schaffen und die vorgenommene Lerneinheit umzusetzen. Danach darfst du dir etwas Gutes tun und einfach abschalten. Du wirst alleine durch diesen Gedanken und die Umsetzung, mehr Freude am

Spielen und auch mehr Motivation am Lernen haben.

Feiern

Während die oben bereits erwähnten Themen für mich eher in die Kategorie der niedrigen Belohnungen fallen, gehört Feiern bereits zu einer mittleren bis großen Belohnung. Zum einen schaffst du es, dadurch deinen Konsum zu regulieren und zum anderen kannst du dabei wirklich vollständig abschalten. Wenn du also einen Test geschafft hast oder eine Klassenarbeit geschrieben hast und deine Vorbereitungen darauf super waren, gönne dir die Auszeit und gehe feiern. Je nachdem was für ein Typ Mensch du bist, muss es sich dabei nicht um einen Discobesuch handeln. Es geht auch im kleinen Kreis bei Freunden. Wichtig ist, dass du dich dabei vollständig fallen lassen kannst und dir bewusstmachst, dass dies dein Lohn dafür ist, etwas gut gemacht zu haben. Dann wird es für dich ein noch schöneres Erlebnis!

Größere Belohnungen

Kommen wir nun zu den größeren beziehungsweise zu den ganz großen Belohnungen. Möglicherweise wirst du dafür deine Eltern oder andere Bezugspersonen einbeziehen müssen oder du verwendest dein Taschengeld dafür.

Hierbei geht es um mehrere Dinge. Sollte das Geld knapp sein, kannst du dir einen Tagesausflug genehmigen. Einen Tag weder lernen noch darüber nachdenken. Pack dir etwas zu essen ein und lauf einfach los oder du zockst einfach einen ganzen Tag. Wichtig ist dabei, dir wirklich einen Tag Auszeit zu nehmen. Belohne dich damit, dass du einmal nicht ans Lernen denken musst.

Ganz große Belohnungen können neue Spiele, Ausflüge oder sogar Urlaube sein. Du wolltest mal wieder in den Freizeitpark oder vielleicht einen Wochenendtrip machen? Nimm dir dafür ein erreichbares Ziel vor, spreche das mit den Menschen ab, die dabei sein sollten und es vielleicht finanzieren müssen und mache einen Deal. Wenn du dein Ziel erreichst, darfst du dich dafür belohnen. Setze diesen Plan anschließend in die Tat um. Du wirst sehen, die Belohnung für einen solch großen Plan ist immer erstrebenswert und motiviert ungemein.

Zeitmanagement

Kommen wir nun zu einem Punkt, der ebenfalls sehr wichtig ist und nur zu gerne einmal in „Ich habe keine Lust!“ oder „Morgen mach ich das bestimmt!“ untergeht. Das Zeitmanagement. Hierbei solltest du dir nicht nur den Tag einteilen, sondern gleichzeitig geht es darum, auch deine Arbeit einzuteilen.

Denn meist stehen wir vor einer Aufgabe und fragen uns, wie viel Zeit diese wohl in Anspruch nehmen wird. Innerlich beginnen all unsere Prozessoren eine ewige Rechnung aufzubauen, die uns in dieser Zeit lähmt. Daher ist es wichtig, seine eigenen Zeiten zu erkennen und nicht die Zeit nach den Aufgaben, sondern die Aufgaben nach der Zeit zu messen.

Deine Zeiten erkennen und nutzen

Jeder Mensch hat unterschiedliche Zeiten, an denen er am produktivsten ist. Die meisten Menschen haben diese Zeiten am Vormittag zwischen 10 und 13 Uhr. Allerdings gibt es auch die Nachteulen, deren Zeiten zwischen 22 und 3 Uhr liegen. Versuche deine eigene Zeit zu erkennen und beginne diese zu nutzen.

Überlege einmal genau, wann dir die besten Einfälle kommen. Gibt es vielleicht sogar Schulstunden, die dir besonders gut im Gedächtnis bleiben und das immer wieder? Vielleicht ist genau das deine Zeit.

Anfangs wird die Suche nach deiner Zeit einiges davon in Anspruch nehmen, sofern du nicht sofort sagen kannst: „Ja! Das ist meine Zeit!“

Solltest du sie nicht erkennen, nimm dir einige Wochenenden nacheinander dafür. Beginne damit, morgens aufzustehen. Ich weiß, gerade am Wochenende möchte man ausschlafen, vor allem wenn man den Tag zuvor feierte. Doch versuche dich selbst zu motivieren und aufzustehen. Beginne bereits um 9 oder 10 Uhr zu lernen und nimm dir eine gewisse Zeit vor. Beachte dabei, welcher Lerntyp du bist und lerne für deinen Typ passend. Mache dies samstags und sonntags und versuche unter der Woche den gelernten Inhalt abzurufen.

Stelle dir folgende Fragen: Wie einfach fällt es dir, diese Aufgabe zu meistern? Kannst du dir das Gelernte gut merken? Fliegt es dir förmlich zu oder kannst du dir gar nichts merken?

Festgelegte Lernzeiten

Sobald du deine besten Zeiten gefunden hast und sie bereits einplanst zu nutzen, kann ich dir nur ans Herz legen, dir deine Lernzeiten genau festzulegen. Gehen wir einmal davon aus, dass deine besten Zeiten zwischen 10 und 14 Uhr sind. Du wirst keine 4 Stunden durchpowern können. Das schafft unser Gehirn nicht. Vielleicht ein oder zweimal, doch nicht immer, was wieder zu Demotivation führt. Also beginne dir deine Zeiten festzulegen. Sage dir zum Beispiel, dass du immer eine Stunde lernst und dann eine kleine Pause machst. Du beginnst um 10 Uhr, lernst bis 11 Uhr und machst dann 30 Minuten Pause. Dann lernst du von 11:30 Uhr bis 12:30 Uhr.

Natürlich sind das dann nur zwei von vier Stunden, die du effektiv lernst, doch in dieser Zeit wirst du viel produktiver sein als in einer Lernzeit von 4 Stunden am Stück.

Routine

Ich denke die Tatsache, das Routinen unseren Tag bestimmen, ist dir bereits bekannt, oder? Viele Routinen sind unsere Gewohnheiten, bei unserem Beginn des Tages angefangen bis hin zum Ende des Tages. Forscher fanden heraus, dass man mindestens sechs Wochen kontinuierliches Training benötigt, um eine Gewohnheit zu ändern. Das bedeutet, wenn du statt morgens um 6 Uhr aufstehen, dich schnell fertigmachen und auf zur Schule, bereits um 5:30 Uhr aufstehen willst, damit du mehr Zeit und Ruhe besitzt, dann wirst du dich in den ersten sechs Wochen dazu aufraffen müssen, bis es schließlich ganz automatisch passiert. Dies gilt in allen Bereichen deines Lebens. Daher möchte ich dich hier bitten, deine Lernzeiten zu einer Routine zu machen. Nimm dir pro Tag nur 20 Minuten, an freien Tagen wie das Wochenende oder Feiertagen 2 bis 3 Stunden, je nachdem wie viele Hausaufgaben du aufhast und lerne in diesen Zeiten. Gewöhne es dir an. Wenn du an dem Punkt angekommen bist, an dem du am wenigsten Lust darauf hast, denke an deine SMARTen Ziele und deine Belohnungen, die du am Abend oder am Wochenende dir selbst gönnst und motiviere dich damit. Denn wenn du diesen Punkt erreicht hast, bist du kurz vor dem Durchbruch. Unser Unterbewusstsein gibt uns kurz vor einer starken Veränderung noch einmal eine Aufgabe, in der es uns fragt: „Bist du dir wirklich sicher?“ Diese gilt es mit „Ja!“ zu beantworten. Meist dauert das nur ein bis zwei Tage und schon ist es deine neue Gewohnheit und eine Routine, die du ab sofort fast automatisch machst. Dein Körper wird dir sagen: „Hey, es ist Lernzeit“ und du wirst noch effektiver und motivierter arbeiten können.

Nur noch 20 Minuten

Eine Sache die dir nicht nur beim Lernen helfen wird, sondern ich selbst sogar zum Schreiben dieses Buches verwende, ist: Nur noch 20 Minuten.

Wie zuvor bereits erwähnt, ist es meist die Masse der Dinge, die wir erledigen müssen, in der wenigen Zeit die wir besitzen, die uns Angst machen und sogar teilweise lähmen. Dadurch vergeuden wir weitere Zeit und beginnen eine Abwärtsspirale, aus der wir so leicht nicht entfliehen können. Doch wie wollen wir das meistern?

Ich habe dir bei den Zielen bereits geschrieben, dass du dir Zwischenziele setzen sollst. Dies gilt auch bei der Zeit. Wenn du weißt, dass du heute insgesamt drei Stunden lernen wirst und dein Kopf sich denkt: „Wow. In diesen drei Stunden kannst du dies oder jenes tun, das ist unglaublich viel Zeit“, beginnst du darüber nachzudenken und verschwendest diese Zeit. Wenn du allerdings sagst: „Hey, ich lerne heute 9 mal 20 Minuten!“, dann wird dieser Gedanke weniger aufkommen. Wenn du dich an deine Aufgabe setzt und dir sagst:

„Nur noch 20 Minuten!“, dann wird dein Gehirn dies aufnehmen und sagen: „Das ist okay.“

Dies machst du immer wieder. So veräppelst du dein Innerstes, sodass du am Ende keine Zeit verschwendest über die verflossene Zeit nachzudenken, sondern einfach handelst. Dazu bist du noch viel effektiver, was dich deinem Ziel schneller näherbringt.

Wie bereits erwähnt, ist dies eine Möglichkeit, die du für alles nutzen kannst, bei dem du das große Ganze in wenigen Schritten erreichst. So mache ich das mit diesem Buch. Ich habe ein Ziel, einen Leitfaden und weiß, wie lange ich insgesamt etwa brauchen werde. Doch damit ich mir diese Zahl nicht vor Augen halte, arbeite ich eben noch 20 Minuten daran, dann nochmal 20 Minuten und nochmal. Irgendwann ist es fertig und ich sitze hier: „Hey, das waren jetzt X-Mal 20 Minuten, also Y-Stunden! Super!“

Die richtige Vorbereitung

Wie bereits bei Kapitel 5 erwähnt, ist die richtige Vorbereitung ein wichtiger Bestandteil, damit du besser lernen kannst. Im Folgenden nenne ich dir einige Dinge, die dir helfen werden, dich auf das Lernen vorzubereiten.

Einige davon hast du bereits in den vorherigen Kapiteln gehört, da sie ebenfalls unter diese Kategorie fallen. Denn wenn du richtig vorbereitet bist, steigt automatisch auch deine Motivation zu arbeiten. Meist entsteht die Lust an der Arbeit dann, wenn man bereits etwas daran tut. Oftmals beginnt dies bereits bei der Recherche oder dem Zusammenlegen der Materialien.

Deine Lernzeiten nutzen

In Kapitel 6.3.1 habe ich dir bereits ausführlich von deinen perfekten Lernzeiten berichtet. Diese solltest du dir notieren und auch nutzen. Das ist einer der wichtigsten Bestandteile, wenn es um die richtige Vorbereitung geht. Der Prozess des Findens dieser Zeiten ist, wie bereits erwähnt, nicht immer besonders einfach, wird dir im Nachhinein aber ungemein helfen. Daher ist es wichtig, diese zu erkennen und dann auch zu nutzen. Ich würde dir allerdings raten alle Vorbereitungen bereits vor der Lernzeit zu treffen, also entweder am Vortag oder bevor du mit deiner ersten Lerneinheit starten möchtest.

Das richtige Lernmaterial

Ebenso wichtig wie die richtige Zeit ist das richtige Material. Es gibt nichts Schlimmeres als etwas lernen zu wollen und dann das passende Buch oder die Mitschriften nicht vor Ort zu haben. Lege dir eine Liste an, was du an Lernmaterialien benötigst und richte sie dir den Fächern spezifisch ein. Welche Lernmaterialien es gibt, werde ich gleich noch genauer definieren. Denn wie zuvor einmal erwähnt, benötigst du nicht zwangsläufig nur dein Schulmaterial. Wenn es etwas gibt, dass du nicht hundertprozentig verstehst, ist es vielleicht sogar ganz gut, eine andere Perspektive daran zu entdecken. Möglicherweise findest du auch Menschen, mit denen du dich zu diesem Thema austauschen kannst.

Welche Lernmaterialien gibt es?

Natürlich kannst du als Lernmaterial deine Mitschriften der Schule, die Arbeitsblätter und auch dein Schulbuch nutzen. Doch zum Buch hat man im Normalfall keine Lösungen und du musst warten, bis dein Lehrer diese Übungen durchspricht, wenn er es denn tut und auch bei den Arbeitsblättern hast du immer dieselben Aufgaben. Wenn du also etwas nicht verstehst, kann es schnell passieren, dass deine Gedanken sich verkeilen.

Daher ist es immer von Vorteil, sich Bücher zu den Themen anzuschaffen. Hierfür kannst du entweder die Bibliothek oder das Internet nutzen. Mittlerweile bieten die Stadtbibliotheken auch E-Books zum Verleih an und auch Großkonzerne wie Amazon bieten Bücher zum Leihen an, sofern man sich diesen Dienst leistet.

Des Weiteren gibt es Lernhefte oder Übungsblätter. Lernhefte kosten meist ein wenig Geld, während es viele kostenfreie Übungsblätter im Internet gibt. Solltest du kein Internet besitzen, kannst du entweder mit deinem Smartphone in einem mobilen Hotspot Dinge herunterladen oder du gehst in die Bibliothek. Dort stehen meist Computer, welche zur Recherche gedacht und mit einem Drucker verbunden sind, wo du für wenig Geld deine Blätter ausdrucken kannst. Der Vorteil an Übungsblättern oder nicht schulischen Lernheften ist, dass du viele Übungen zu einem Thema hast, die du nicht kennst und ebenso die Lösungen dabei sind. Gerade bei guten Lernheften stehen oft auch Erklärungen für häufige Fehler dabei, falls du einmal einen Fehler machst und nicht weißt, woher er kommt, findest du dort die Lösung.

Eine weitere Möglichkeit sind interaktive Onlineübungen. Diese gibt es für so ziemlich alle Lernfächer und in unterschiedlichen Schwierigkeitsgraden. Oftmals wird dies von einem Lehrer oder einer Lehrerin geleitet, sodass man sich bei Fragen an diese wenden kann. Der Vorteil liegt natürlich auf der Hand. Nicht nur das du sofort erfährst, wie viel du richtig machst und meist auch hier erklärt bekommst, wo der Fehler lag, sondern du kannst dich direkt an eine Fachkraft wenden, wenn du etwas nicht verstehst. Meist sind diese per E-Mail erreichbar und antworten dir innerhalb weniger Stunden. Allerdings muss man bei dieser Variante auch aufpassen. Denn manchmal gibt es Internetseiten, die falsche Informationen vermitteln oder dir einen Virus auf den PC spielen. Also informiere dich vorher besser, wie die Seite ist, die du gerne besuchen möchtest.

Ähnlich wie die Übungen sind Onlinekurse. Dort kannst du dich meist mit Gleichgesinnten treffen und austauschen, während ihr gemeinsam einen Onlinekurs verfolgt. Dieses Angebot ist meist eher an ältere Schüler gerichtet.

Etwas das es bereits in meiner Jugend gab, was ich immer gerne nutzte, sind Lernspiele. Damals gab es diese als CDs für den PC. Heute findest du sie auf allen gängigen Plattformen oder in Form von Apps. Hier ist es allerdings ebenfalls wichtig, darauf zu achten, welche Informationen sie vermitteln. Während Spiele für die Konsole wahrscheinlich mehrfach auf Richtigkeit geprüft wurden, kann es bei PC- und Handyspielen häufig dazu kommen, dass dort irgendwelche Fehlinformationen weitergeleitet werden. Daher solltest du darauf achten, um welchen Anbieter es sich handelt und vielleicht sogar auf die Rezensionen.

Als Letztes in dieser Liste gibt es die Lerntreffen. Diese können sowohl online als auch offline stattfinden. Darin kannst du dich mit anderen Schülern deines Alters austauschen und gemeinsam könnt ihr voneinander lernen.

Welche der vielen genannten Lernmittel du verwenden möchtest, liegt vollkommen bei dir. Bei Lerntreffen bist du sehr abhängig von anderen und kannst nur zu genannten Terminen erscheinen, daher solltest du dir zu diesem noch einen weiteren Weg suchen.

Onlinekurse, interaktive Onlineübungen und auch Lernspiele sind oftmals mit Kosten verbunden, die du erst einmal besitzen musst. Natürlich gibt es diese oftmals auch kostenfrei, doch dabei werden meistens nur kleine Bruchteile der Informationen vermittelt.

Auch Lernhefte gibt es meist nicht kostenfrei, außer du hast einen Bibliotheksausweis. Viele Hefte kann man klassisch in der Bibliothek ausleihen. Natürlich darfst du in diese nicht schreiben, doch du findest die Übungen und kannst diese anwenden. Genauso ist es mit Übungsblättern. Du kannst dir die ehemaligen Klassenarbeiten und Prüfungen zu den Themen ansehen und mitsamt den Ergebnissen herunterladen, sodass du am Ende sogar die gleiche Fragestellung hast, wie es an manchen Schulen bereits vorkam. Es gibt einige Onlineplattformen die dies kostenlos und legal zum Herunterladen anbieten.

Termine im Auge behalten – Kalender

Fast schon der wichtigste Punkt in der Vorbereitung sind deine Termine. Denn es bringt dir nichts, wenn du für die Klassenarbeit in Biologie in sechs Wochen lernst und die Deutscharbeit, welche am nächsten Tag stattfindet, links liegen bleibt.

Beginne einen Kalender zu führen, der dir deine Klassenarbeiten anzeigt. Nimm dir die Zeit, dir eine Erinnerungsfunktion einzurichten. Zwei Wochen vorher, eine Woche vorher, drei Tage zuvor und dann noch einmal ein Tag zuvor. Ich weiß, dass manche Lehrer gerne einmal spontane Klassenarbeiten ankündigen. Daher ist es wichtig, immer das neu gelernte mitzulernen, doch dein Hauptfokus sollte auf dem liegen, dessen Termine als Nächstes anstehen. Daher behalte die Klassenarbeiten im Auge. So schaffst du es, dich besser vorzubereiten.

Recherchieren

Manchmal brauchst du für deine Arbeiten oder auch für deine Aufgaben einiges an Recherche. Oftmals begehen wir den Fehler, dass wir während unserer Arbeit recherchieren. Auch ich habe diesen

Fehler immer und immer wieder gemacht. Überlege dir einen groben Plan von dem, was du lernen möchtest und frage dich, welche Recherche du betreiben musst. Bevor du nun beginnst zu lernen, nimm dir diese Fragen heraus und beginn zu recherchieren. Schreibe dir das Notwendigste zusammen. Anschließend wird es dir leichter fallen zu schreiben.

Schlimmster Fall: Wenn du mitten im Lernen steckst und merkst, dass du noch etwas nachprüfen musst, schreibe dir ein Post-it oder markiere es dir. Überspringe es und mach dann direkt mit der nächsten Aufgabe weiter. Bevor du deine nächste Lerneinheit startest, recherchiere das Ausgelassene und beginne die nächste Einheit anschließend damit. So kommst du während des Lernens nicht aus dem Flow und schaffst mehr, als wenn du ständig zwischen dem Internet und deinen Unterlagen hin- und herspringen musst.

Prioritäten setzen

Bevor du mit dem Lernen beginnst, solltest du dir Prioritäten setzen. Natürlich ist es wichtig, dass kein Fach ausgelassen wird beim Lernen. Doch wie bereits im Kapitel zu deinen Terminen gesagt, gibt es manchmal Themen und Fächer, die wichtiger sind als andere. Daher ist es wichtig, sich dies vor Augen zu halten. Nimm dir, noch bevor du die Materialien zusammensuchst und die Recherche beginnst, zwei Blätter Papier zur Hand. Auf das erste schreibst du nun alle Fächer, die du lernen willst. Das zweite teilst du mit zwei Strichen jeweils mittig, einmal längs und einmal quer, sodass vier etwa gleichgroße Rechtecke entstehen. Diesen vier Kästen gibst du Überschriften. Das erste bekommt die Überschrift „wichtig und dringend". Das zweite „wichtig und nicht dringend". Das dritte „unwichtig und nicht dringend" und das letzte „unwichtig aber dringend."

Nun verteilst du die einzelnen Fächer in diesen Kästchen. Wichtig und dringend sind all die, bei denen eine Klassenarbeit bevorsteht und du noch nicht wirklich viel verstehst. Wichtig, aber nicht dringend sind die Fächer, bei denen du noch einiges an Nachholbedarf hast, aber derzeit keine Prüfungen anstehen. Unwichtig, aber dringend sind die, bei denen du dich bereits gut vorbereitet fühlst, aber dennoch bald eine Arbeit bevorsteht und unwichtig und nicht dringend sind die Fächer, wo weder eine Klassenarbeit ansteht noch du gerade schwer hinterherhängst. Teile deine Arbeiten also in diese vier Kategorien ein und du wirst sehen, dass es dir leichter fallen wird, dich auf die einzelnen Aufgaben zu konzentrieren. Natürlich sind am Ende alle Fächer wichtig, doch wenn du erst einmal weißt, auf welches du deinen Hauptfokus legen solltest, verschwendest du im Nachhinein keinen Gedanken mehr daran, vergisst nichts Wichtiges und verzettelst dich nicht in

Fächer, die in diesem Moment vermutlich gar keine Priorität haben.

Die oben beschriebene Methode wurde von Eisenhower erfunden und nach diesem benannt.

Die Aufgaben einteilen

Nun weißt du bereits, wie du deine einzelnen Fächer priorisieren kannst. Doch meist steht alleine in einem Fach ein Berg voll Arbeit vor dir, der sich manchmal unglaublich schwer zu bewältigen anfühlt, oder? Gerade wenn du nur noch drei Wochen vor dir hast. Denn meist geben Lehrer die Prüfungstermine nicht weiter im Voraus bekannt. Daher ist es wichtig, nicht nur deine Fächer nach Wichtigkeit einzugliedern, sondern auch deine Aufgaben einzuteilen.

Nimm dir dein Lernmaterial genau vor. Welche Themen kommen in der anstehenden Klassenarbeit dran? Was ist es, dass dir am meisten Kopfzerbrechen bereitet? Gehe dies als Erstes an und wiederhole es immer und immer wieder.

Beginne dir einen Aufgabenplan zu erstellen und die einzelnen Themen darin aufzugliedern. Zuerst das was du am wenigsten kannst, bis zu dem was du bereits am besten kannst. Wenn es sich um ein Fach handelt, dass dir immer, bei egal welchen Themen, Schwierigkeiten bereitet, versuche dennoch herauszufinden, welches Thema es ist, das dir am schwersten und welches dir am leichtesten fällt.

Teile die dir verbliebene Zeit auf. Nimm dir vielleicht pro Tag, den du frei zur Verfügung hast, drei Stunden und pro Schultag eine bis zwei Stunden, je nachdem wie lang dein Tag ist. Mache daraus vielleicht sogar halbe Stunden und beginne die Aufgaben in diese Tage zu verteilen. Nutze eine der halben Stunden immer als Wiederholungsstunde, in die anderen packst du neues Lernmaterial, damit du am Ende alles eingeteilt hast. Je kürzer du vor einer Arbeit beginnst und je weniger du zuvor schon gelernt hast, desto mehr Zeit solltest du investieren, um noch möglichst viel lernen zu können. Doch achte darauf, dass du dich nicht übernimmst, denn das führt zu einem Blackout. Lieber eine Aufgabe nicht schreiben, als alle nicht zu wissen, oder?

Den Arbeitsplatz vorbereiten

Nun hast du dich soweit vorbereitet und dein Lernmaterial beisammen. Du weißt, welche Fächer du lernen musst und mit welchen Themen du beginnst. Jetzt ist es wichtig, deinen Arbeitsplatz vorzubereiten. Denn wie du dir sicherlich denken kannst, liegt ebenfalls viel daran, wie deine Umgebung aufgebaut ist, in der du lernst. Je nachdem welcher Lerntyp du bist, kann es sogar einen sehr großen Einfluss nehmen. Der visuelle

Lerntyp zum Beispiel nimmt aus einem bestimmten Arbeitsplatz, an dem er lernt, Bilder auf, die er in seinen Gedanken abspielen kann und somit das Gelernte besser abruft, während der auditive Lerntyp eher etwas auf den Ohren braucht und so weiter.

Ordnung

Ein Thema das man gerade in der Pubertät ungern hört: Ordnung. Wir sind in dieser Zeit so sehr mit uns selbst und dem inneren Chaos beschäftigt, dass es uns meist schwerfällt, Ordnung zu halten. Doch gerade beim Lernen ist es von Vorteil, wenn du deinen Arbeitsplatz zuvor ordnest. Das liegt daran, dass Chaos den meisten Menschen einen gewissen Faktor an Stress bereitet, denn es muss früher oder später beseitigt werden. Dein Unterbewusstsein beginnt somit zu überlegen, wann was aufgeräumt gehört, wohin es gelegt werden muss und wann verdammt nochmal du es endlich schaffst.

Kennst du diese Sätze, die sich manchmal sogar in dein Bewusstsein schleichen? Zumindest war das bei mir früher immer mal wieder der Fall. Also räume, noch bevor du lernst, alles weg, sodass dein Unterbewusstsein sich gemeinsam mit deinem Bewusstsein auf das Wesentliche konzentrieren kann. Wichtig ist dabei, dass Ordnung relativ und für jeden anders zu verstehen ist. Bei dem einen muss der Arbeitsplatz vollkommen sauber und rein sein und außer vielleicht etwas zu trinken und den Lernunterlagen darf dort nichts sein, während bei den anderen noch etwas wie zum Beispiel ein Bild oder Stifte und und und stehen darf. Versuche für dich selbst herauszufinden, welche Art von Ordnung es ist, die dein Unterbewusstsein zum Schweigen bringt und dir hilft dich besser zu konzentrieren. Sei dabei allerdings streng und lass nicht die Unlust und den inneren Schweinehund gewinnen. Denke an deine Ziele. Warum willst du lernen? Genau das sollte auch deine Motivation sein, Ordnung an deinen Arbeitsplatz zu bringen.

Temperatur

Vielleicht fragst du dich jetzt, ob ich ganz verrückt bin und was die Temperatur mit dem Lernen zu tun hat. Hier kann ich dir nur sagen: Sehr viel! Stell dir einmal vor, es ist Winter, draußen herrschen Minusgrade und du sitzt bei offenem Fenster. Dein gesamter Körper zittert, egal wie warm du dich einpackst. Glaubst du, du kannst dich dabei wirklich konzentrieren?

Das Gleiche gilt an heißen Tagen. Du kennst das sicherlich aus der Schule. Was glaubst du, wieso es so etwas wie „Hitzefrei“ gibt? Das liegt nicht nur daran, dass es einfach unerträglich ist, mit circa 29 anderen Personen in einem stickigen Raum zu sitzen und sich gegenseitig vollzustinken. Deine Konzentration lässt nach und du schaffst es nicht, dich zu fokussieren. Hast du schon mal versucht im Hochsommer, wenn die Sonne ihren höchsten Punkt erreicht und es unendlich heiß ist, zu lernen?

Natürlich kann es sein, dass es in gewisser Weise klappt, doch lass dir sagen, dass nicht viel von dem, was du in diesem Moment lernst, hängen bleibt.

Das ist auch der Grund, warum es in den meisten Büros oder Einkaufsläden Klimaanlagen gibt, denn das Arbeiten in der Hitze ist unerträglich. Gerade in Büros gibt es sogar Gesetze, die besagen, wenn eine gewisse Temperatur überschritten wird, dass der Chef seinen Mitarbeitern ebenfalls „Hitzefrei" geben muss.

Nun aber zu dem Grund warum es uns sowohl bei Kälte als auch bei Hitze so schwerfällt, uns zu konzentrieren. Unser Körper ist damit beschäftigt, die Temperatur auszugleichen. Weiter oben hatte ich bereits erwähnt, dass unser Gehirn den Körper in unterschiedliche Kategorien teilt. Wichtig dabei ist, dass die Organe nicht unterkühlen oder durch die Hitze die Eiweiße unseres Körpers nicht stocken, was bereits ab einer Temperatur von 40 °C geschieht.

Daher fängt der Körper bei Kälte an zu zittern und bei Hitze zu schwitzen. Er versucht mit diesen Funktionen die Temperatur auszugleichen. Gleichzeitig braucht genau das viel Kraft, was bedeutet, dass du dich in dieser Zeit nur schwer konzentrieren kannst. Ein großer Teil deiner Energie wird dafür benötigt, die richtige Temperatur zu erreichen, da bleibt nur noch ein kleiner Teil übrig, der dir zum Lernen zur Verfügung steht.

Daher ist es wichtig, sofern es dir möglich ist, eine angemessene Temperatur zu erreichen. Heize den Raum, in dem du lernst, im Winter auf und nutze im Sommer das Lüften am frühen Morgen und die Rollläden. Sollte dies dir nicht die erwünschten Erfolge bringen, kannst du auch in einem Café in deiner Nähe lernen. Dazu kannst du dich mit der richtigen Musik abschotten und hast dort meist genau die richtige Temperatur von 21 bis 23 °C.

Sauerstoff

Ein ebenso wichtiger Punkt wie die richtige Temperatur ist der Sauerstoff. Sicherlich kennst du die unzähligen Diskussionen zwischen Fenster auf und Fenster zu. Vielleicht hast du sogar den ein oder anderen Lehrer, dessen erste Handlung es nach dem Betreten des Klassenraumes ist, die Fenster zu öffnen.

Dies liegt nicht nur am Geruch, der manchmal herrscht, sondern am Sauerstoffmangel. Je mehr Menschen und Geräte in einem Raum sind, desto schneller wird der Sauerstoff reduziert. Daher ist es wichtig, jede Stunde oder spätestens alle zwei Stunden für zwei bis fünf Minuten zu lüften.

Vielleicht kennst du die Situation: Du sitzt in deinem Zimmer und wirst immer müder. Dabei hast du ausreichend geschlafen und der Tag ist noch lange nicht vorbei. Manchmal zieht es dich fast schon automatisch in solchen Situationen an die frische Luft, damit du dir noch was kaufst oder eine Kleinigkeit erledigst, vielleicht willst du dich auch mit deinen Freunden treffen. Sobald du rausgehst, geht es dir plötzlich besser. Du bist wacher und aufnahmefähiger.

Dies liegt am Sauerstoffmangel. Wenn dein Gehirn nicht ausreichend mit Sauerstoff versorgt wird, fährt es einige Funktionen herunter, darunter auch die Denkleistung, da diese keine allzu hohe Priorität hat. Wenn du dich also vorbereitest zu lernen, öffne das Fenster und lüfte einmal ordentlich durch, sodass ausreichend Sauerstoff vorhanden ist, von dem dein Gehirn sich nähren kann.

Beleuchtung

Ein weiterer wichtiger Punkt ist die richtige Beleuchtung. Wenn es in dem Raum, in dem du lernst, zu dunkel ist, müssen sich deine Augen stärker anstrengen und du wirst schneller müde. Das Gleiche gilt, wenn es zu hell ist.

Auch hier ist dein Körper bemüht alles auszugleichen und nutzt dafür die vorhandene Kraft. Daher solltest du darauf achten, dass dein Arbeitsplatz ausreichend ausgeleuchtet ist, das Licht allerdings nicht zu grell in deine Augen scheint.

Gerade in meinem Büro ist es gerne einmal so, dass die Sonne direkt hineinscheint und mich blendet. Dann muss ich für knapp eine Stunde die Vorhänge zuziehen und mit dem Licht meiner Lampe arbeiten, damit mein Arbeitsplatz ausreichend beleuchtet ist. Das ist zwar traurig, doch damit meine Leistungsfähigkeit nicht leidet der einzige Weg.

Wohlfühlen

Vielleicht fragst du dich, was Wohlfühlen mit Lernen zu tun haben soll. Das ist ganz einfach: Wenn du dir einen Raum schaffst, in dem du dich wohlfühlst und alles nach deinen Wünschen aufgebaut ist, kannst du dich nach Lust und Laune austoben. Im besten Fall schaffst du eine solche Wohlfühlatmosphäre, dass du dich alleine deswegen bereits freust zu lernen.

Um dich richtig wohlzufühlen, gibt es einige Faktoren, die du beachten solltest. Beginnen wir mit der Musik.

Viele nutzen, um zu lernen, Musik. Damit fällt es dir leichter, alles um dich herum abzuschalten und du kannst dich voll und ganz auf deine Lernmaterialien fokussieren. Idealerweise handelt es sich dabei um Musik ohne Texte, die dich vermutlich eher ablenken würden. Viele nutzen Meeresrauschen, Vogelgesänge oder klassische Musik. Versuche eine für dich geeignete Musik zu finden. Dies kann auch Techno sein, ganz, wie es für dich passt. Nimm die Musik, die dich beruhigt und entspannt, damit dein Geist in diesem Moment denkt: Es ist nicht schlimm, ich kann mich wohlfühlen.

Ein weiterer Punkt sind persönliche Gegenstände. Natürlich ist Ordnung, wie bereits erwähnt, durchaus sehr wichtig, doch gleichzeitig können persönliche Gegenstände auf deinem Tisch dir helfen dich wohlzufühlen. Nutze hierfür ein Bild deiner Liebsten, einen Glücksbringer, deine Lieblingstasse oder etwas, dass dich immer wieder lächeln lässt, wenn du es siehst. Dies kannst du nutzen, wenn du dich zwischenzeitlich von deinem Lernmaterial löst, um kurz die Gedanken zu sortieren. Schau den Gegenstand in diesem Moment an und deine Motivation weiterzumachen, wird steigen. Außerdem wird alleine dieses kleine Lächeln dir ein gutes Gefühl bereiten.

Kommen wir nun zu einem meiner Meinung nach sehr interessanten Thema. Die Farblehre. Vielleicht fragst du dich erneut, ob ich verrückt bin und was Farben mit all dem zu tun haben Vielleicht hast du aber auch schon einiges darüber erfahren. Farben beeinflussen unser Unterbewusstsein, da wir vieles mit ihnen verbinden. Während Rot bei Lebensmitteln reife Früchte signalisiert, kann es unsere Stimmung auch negativ in Aggressionen beeinflussen. Wenn du gestresst bist oder einen schlechten Tag hattest, wirst du in einem roten Raum eher ausrasten als in einem andersfarbigen.

Die angenehmsten Farben sind Blau und Grün. Grün erinnert unser Unterbewusstsein an die Farben im Frühling und Sommer. Die Blätter der Bäume, Blumen und Büsche. Dies hat eine sehr beruhigende Wirkung, da es uns Schutz und

Freude bereitet. Ähnlich ist es mit einem kräftigen Blau. Wenn der Himmel blau erstrahlt, beruhigt es uns ungemein. Keine Wolken, kein Gewitter und somit keine Gefahr. Weiß ist bereits wieder schwierig. Manche empfinden es als richtig angenehm, andere finden es eher beklemmend, was oft damit zusammenhängt, dass sie mehrfach das Krankenhaus von innen sahen. Auch Schwarz kann beklemmende Gefühle erzeugen, während orangene und gelbe Töne wieder positiver wahrgenommen werden, da sie unserem Unterbewusstsein Wärme und damit verbundene Geborgenheit signalisieren.

Die Farbenlehre ist super interessant und kann viel beeinflussen, wenn es ums Lernen geht. Natürlich willst du nicht neu streichen, nur weil du jetzt lernen möchtest. Doch suche dir vielleicht ein Poster in einer angenehmen Farbe oder ändere den Hintergrund deines PCs in die besagte Farbe, so wird es dir leichter fallen dich wohlzufühlen.

Ein letzter Punkt ist die eigene Kleidung. Hierbei solltest du allerdings ganz auf dich selbst hören. Die einen schaffen es sich besser zu konzentrieren, wenn sie sich kleiden, bei Frauen sogar schminken, wie wenn sie in die Schule gehen. Andere wiederum brauchen angenehme Joggingkleidung, um sich rundum wohlzufühlen. Versuche herauszufinden, was es bei dir ist, wie du dich selbst am wohlsten fühlst und deine Effizienz steigerst.

Ausreichend Schlaf

Zur richtigen Vorbereitung gehört auch ausreichend Schlaf. Es ist Fakt, dass ein Jugendlicher in der Pubertät weniger Schlaf benötigt als ein Erwachsener. Gleichzeitig leben viele allerdings nach dem Motto: „Schlafen kann ich auch noch, wenn ich tot bin."

Das ist die falsche Einstellung. Du solltest jede Nacht sechs bis sieben Stunden schlafen, damit dein Körper und auch dein Geist vollkommen ausgeruht und regeneriert sind. Damit erreichst du die höchste Leistungsfähigkeit. Ich weiß, dass dies meist schwierig ist, vor allem wenn man mit seinen Freunden darüber spricht. Außerdem will man nichts vom Leben verpassen, doch gleichzeitig hast du Ziele und Träume, oder? Und um diese zu erreichen, solltest du ausreichend schlafen. Später einmal wirst du dir selbst dafür danken, glaube mir.

Damit möchte ich natürlich nicht sagen, dass du jedes Feiern verwehren sollst, damit du rechtzeitig ins Bett kannst. Doch versuche dir einen Tag in der Woche als Ausnahme zu suchen, wo du am nächsten Tag einfach ausschläfst. Die restliche Woche solltest du auf ausreichend Schlaf achten, um produktiver und effizienter zu werden.

Gutes Essen

Das ist wieder so ein Thema, bei dem ich früher selbst dastand und mir dachte: „Moment, was? Was soll Essen, mit meiner Produktivität zu tun haben?

Doch es stimmt. Je qualitativer dein Essen ist, desto leistungsfähiger wirst du.

Beginnen wir auch hier mit einem einfachen Beispiel:

Du gehst nach der Schule mit deinen Freunden in ein Fast-Food-Restaurant und bestellst dort ein vollständiges Menü. Ihr habt Spaß und du genießt dein Essen. Vielleicht ist dir im Nachhinein nicht gleich schlecht, aber auf jeden Fall wirst du müder.

Weißt du, woran das liegt? Ganz einfach: Zum einen benötigt dein Körper viel Kraft, um ein vollwertiges Essen zu verdauen. Dein Blut sammelt sich im Magen, damit dieser arbeiten kann und versorgt ihn mit dem nötigen Sauerstoff, der somit im Rest deines Körpers fehlt. Durch die Fette und Kohlenhydrate benötigt dein Körper mehr Zeit als bei einem einfachen Salat, da er die einzelnen Stoffe auseinandernehmen und unterschiedlich verteilen muss.

Doch nach wenigen Stunden ist er bereits fertig. Es gab wenig Nährstoffe, die für ihn wichtig waren und daher signalisiert er dir erneut Hunger zu haben.

Natürlich sollst du nicht auf solche Dinge verzichten. Immerhin bindet dich das auch an deine Freunde, oder?

Aber vielleicht schaffst du es, dich etwas ausgewogener zu ernähren. Beginne Vollkornbrote zu essen, statt den Gummibärchen auf Obst umzusteigen und mittags etwas Leichtes zu dir zu nehmen wie einen Salat oder ein leckeres Brot. Wenn du natürlich mittags frei hast, kannst du auch da die Hauptmahlzeit zu dir nehmen und das Lernen auf abends legen und dort die leichte Kost essen.

Der Vorteil an Vollkornprodukten oder auch Salaten und Obst ist, dass sie dich längerfristig satt halten. Dein Körper erhält alle wichtigen Nährstoffe und ist zufriedener.

Gleichzeitig solltest du allerdings auch darauf achten, dass du vor dem Lernen etwas zu dir nimmst. Dein Körper braucht die Energie, um nachzudenken und zu planen. Daher ist es nicht verwerflich, für während oder kurz vor einer Prüfung ein Stück Schokolade oder Gummibärchen bei sich zu haben. Der Zucker hilft dir in stressigen Situationen die Leistungsfähigkeit zu steigern.

Doch wenn du „nur" lernst, kannst du dies durch langkettige Zucker bereits nutzen, indem du Müsli zum Frühstück isst und nach einer Stunde beginnst zu lernen oder du isst, wenn du schnell etwas Zucker brauchst, eine Banane oder andere reife Früchte.

Versuche dich ausgewogen zu ernähren und dein Körper wird es dir danken, indem er mehr Energie zum Lernen freigibt.

Genug Sport und Bewegung

Auch Sport und Bewegung sind wichtig, damit du dich besser konzentrieren kannst. Wir Menschen sind dazu geschaffen, am Tag mehrere Kilometer zu laufen und große Strecken zu meistern. Außerdem wollen wir uns körperlich betätigen. Daher kannst du dir als Ritual vornehmen, vor dem Lernen eine kleine Laufrunde oder ein Workout zu veranstalten. Doch achte darauf, dass du dich dabei nicht übernimmst!

Bewegung ist wichtig, um den Geist zu befreien, doch wenn du über deine Grenzen hinausgehst, wird dein Körper anfangen an der Energie zu zehren, die du eigentlich für das Lernen brauchst. Also mach einen Spaziergang oder ein leichtes Workout. Nach dem Lernen kannst du dann noch einmal etwas Anstrengenderes unternehmen, um abzuschalten.

Einige Schüler laufen in den Pausen einfach umher, um ihre Gedanken zu sortieren. Manchmal sogar zwischen allen Lerneinheiten in denen es ihnen möglich ist. So kannst du es ebenfalls tun. Zwischen jeder Lerneinheit läufst du einmal um den Block. Probiere es einfach aus.

Ablenkung beseitigen

Nun noch die letzte und gleichzeitig eine der wichtigsten Vorbereitungen. Beseitige alle Formen der Ablenkung von deinem Arbeitsplatz. Schalte dein Smartphone aus oder auf Stumm und lege es bestenfalls an einen anderen Ort. Sämtliche Spielekonsolen solltest du entfernen und auch Bücher oder andere Dinge, die deine Aufmerksamkeit von deiner Arbeit ablenken könnten, solltest du entfernen. Nur so kannst du dich zu 100 % auf das fokussieren, was in diesem Moment wichtig ist.

Der Mensch lässt sich gerne von Kleinigkeiten ablenken, selbst wenn es nur ein Blatt im Wind ist. Daher solltest du, so gut es geht, alle Faktoren ausschalten. Sofern es dir Möglich ist, versuche dich auch von der Außenwelt abzuschotten, sodass die Geräusche deiner Mitmenschen dich nicht ablenken. Hierbei kann wieder die Musik in Kombination mit Kopfhörern helfen.

Die verschiedenen Lernmethoden

Kommen wir nun zum Kernpunkt dieses Buches. Die verschiedenen Lernmethoden die du einsetzen kannst. Natürlich ist nicht jede Methode für jeden Lerntypen geeignet. Ich werde hinzuschreiben, welche Methode für welche Typen sinnvoll erscheint und wie die jeweiligen Typen diese umsetzen können. Finde die für dich passenden Methoden und beginne noch heute sie für dich umzusetzen und damit deine Ziele zu erreichen!

Auswendiglernen

Das Auswendiglernen ist wohl die bekannteste Form der Lernmethoden. Nicht nur das man sie bereits in der Grundschule gelehrt bekommt, sondern viele übernehmen diese Methode auch im späteren Schulverlauf.

Natürlich kann sie von Vorteil sein. Der visuelle und auch der auditive Lerntyp können mithilfe des Auswendiglernens einige Schritte vorankommen. Sogar der kommunikative Lerntyp kann sich das Auswendiglernen zu nutzen machen.

Allerdings ist ebenso bekannt, dass man zum einen das auswendig Erlernte oftmals nur in der gelernten Reihenfolge beherrscht und es daher sehr zeitaufwendig oder fast schon unmöglich ist, darauf zurückzugreifen oder dass man das Erlernte bereits nach der Prüfung wieder vergisst, was ebenfalls nicht der Sinn hinter dem Lernen ist.

Doch hier möchte ich dir einige Tipps geben, wie du das Auswendiglernen nutzen kannst, um das Erlernte auch beizubehalten.

Für den visuellen Lerntyp ist das einfache Auswendiglernen durch Texte oder Bilder auf einem Blatt Papier die klassischste Methode. Idealerweise zeichnet er sich zu jeder Aufgabe eine Grafik oder eine Skizze und kann dies so noch besser verinnerlichen. Für diesen Lerntypen ist es auch zukünftig nicht schwer, das so Erlernte abzurufen. Außerdem kann er mithilfe der Skizzen das Erlernte auch auf unterschiedlichen Wegen erneut abrufen, ohne das er die Reihenfolge beibehält.

Bei einem sogenannten „fotografischen Gedächtnis“ kann der visuelle Lerntyp sich auch einzelne Seiten einprägen und wie in einem Buch in seinem Kopf die genauen Seiten nachschlagen und die Stelle so finden.

Für den auditiven Lerntypen ist es wichtig, das Material das er auswendig lernen will laut vorzusagen. Idealerweise erstellt er eine Aufnahme und spielt sich diese immer wieder ab, um das zu Lernende abzurufen. Wichtig hierbei ist, sich dann ebenfalls in der Prüfung das Wissen leise vorzusagen. Solltest du der auditive Lerntyp sein, kann es für dich vorteilhaft sein, dies deinem Lehrer mitzuteilen. Sage ihm, dass du nur die

Aufgaben, nicht aber die Lösungen, vor dich hin brabbelst. Nicht das er denkt, du willst deinen Mitschülern helfen und dir deine Aufgaben frühzeitig wegnimmt. Vielleicht setzt er dich dann in seine Nähe, doch lass dich dadurch nicht aus dem Konzept bringen. Es dient nur zur Sicherheit und du kannst dann das für dich erlernte Konzept umsetzen!

Für den kommunikativen Lerntypen ist es wichtig, das zu Lernende mit anderen zu besprechen. Vielleicht nimmst du dir, wenn du zu diesem Typen gehörst, einen Klassenkameraden oder deine Eltern zurate und beginnst das zu Lernende vorzutragen. Anschließend eröffnest du eine Diskussionsrunde, wo es auseinandergenommen wird. So kannst auch du es schaffen, etwas auswendig zu lernen, da du immer wieder an die Diskussion und die davor vorgetragenen Aufgaben denken kannst.

Für den haptischen Lerntypen ist es allgemein schwer, etwas auswendig zu lernen, da diese Methode keinerlei Praxisbezug hat. Daher ist es wichtig, vielleicht eine Geste mit dem Auswendiglernen zu verbinden. Nimm dir einen Ball zur Hand und verbinde das Drücken dieses besagten Balles mit dem Gelernten. Mit etwas Training kannst du die Verknüpfung herstellen und etwas wie ein Stressball ist in einer Prüfung nicht verboten. Doch auch dir würde ich raten dies zuvor mit dem Lehrer zu besprechen, nicht das er negativ aufmerksam auf dich wird und beginnt sich auf dich zu fokussieren. Damit vermeidest du einen Stressfaktor.

Pomodoro-Technik

Die Pomodoro-Technik ist meine persönlich liebste Technik, die ich sogar beim Schreiben von Texten verwende. Pomodoro ist italienisch und bedeutet auf Deutsch Tomate. Allerdings hat diese Technik nichts mit Tomaten an sich zu tun, sondern wurde von ihrem Erfinder nur so benannt, da sein Küchentimer aussah wie eine Tomate.

In dieser Technik geht es darum, sich 25 Minuten zu fokussieren. Du setzt dir ein Ziel oder eine Lerneinheit, welche für dich wichtig ist. Danach stellst du dir einen Timer auf 25 Minuten. Idealerweise handelt es sich dabei um eine tickende Küchenuhr oder etwas, dass du visuell wahrnehmen kannst.

Sobald du die Stoppuhr startest, arbeitest du 25 Minuten konzentriert an dem, was du dir vorgenommen hast. Sobald der Timer klingelt, brichst du sofort ab, auch mitten im Satz oder mitten in einer Überlegung und nimmst dir fünf Minuten Pause, in der du etwas Anderes machen solltest. Sieh dabei aus dem Fenster, mach ein paar Atemübungen, hol dir etwas Neues zu trinken oder geh auf die Toilette. Danach wiederholst du das Ganze noch drei weitere Male, sodass du insgesamt nach zwei Stunden die Lerneinheit beendest. Entweder machst du nun eine Pause von 30 bis 60

Minuten oder du beendest es vollständig für den ganzen Tag.

Das Unterbrechen mitten in der Arbeit reizt deinen Geist weitermachen zu wollen. Wir fühlen uns verpflichtet angefangene Aufgaben zu beenden und somit gewährleisten wir uns selbst, dass dies geschieht. Während der fünf Minuten Pause haben wir den Drang weiterzuarbeiten, vergessen aber auch nicht, an welchem Punkt wir uns zu dieser Zeit befanden. Die langen Pausen zwischen den einzelnen Einheiten dienen dazu, den Geist zu befreien und sich bereit für eine neue Einheit zu machen.

Das Interessanteste daran ist, dass du in den 25 Minuten effektiver lernen wirst, als wenn du einfach beginnst und nach 25 Minuten endest. Es ist eine Art Leistungsdruck, den wir uns machen und gleichzeitig die Erleichterung, dass es ja bald vorbei ist, wie bereits in 6.3.4 „nur noch 20 Minuten“ erwähnt.

Diese Technik ist für alle Lerntypen gleichermaßen geeignet, da sie nicht die Art und Weise beeinflusst, wie du etwas lernst, sondern nur einen zeitlichen Rahmen bietet. Allerdings gibt es hierbei ein großes ACHTUNG: Wenn du eher der Typ bist, den Stress demotiviert, solltest du diese Technik einmal testen. Merkst du, dass es nichts für dich ist, da du dir immer wieder denkst „Man, ich schaff das einfach nicht!“, brich es ab. Stecke hier deine Ziele nicht zu hoch. Vielleicht testet du erst einmal aus, was du erreichen kannst. Hierbei gebe ich dir den

Tipp, es mehrere Tage auszuprobieren. Das erste Mal als ich diese Technik für mich testete, war ich so motiviert und begeistert, dass ich meine Höchstleistungen erbracht habe. Somit habe ich diese als Standard angesehen und war enttäuscht, als ich sie nicht einmal ansatzweise erreichte. Denn wenn du einen guten Tag hast, fliegt alles auf dich zu. Versuche dir also realistische Ziele zu setzen. Wenn du einmal ein Ziel nicht erreichst, sage dir, dass du wenigstens die Zeit genutzt hast. Das war schon besser als nichts zu tun, oder? Somit hast du bereits ein Ziel erreicht: Du hast was getan!

Lerngruppen

Über dieses Thema hatte ich bereits bei den einzelnen Lerntypen gesprochen. Lerngruppen haben den großen Vorteil, dass du jederzeit etwas erfragen kannst, das für dich keinen Sinn ergibt und die anderen, die ebenfalls den gleichen Schulstoff haben wie du, können es dir auf eine andere Art und Weise erklären, als der Lehrer es tat. Außerdem bestehen Lerngruppen oft aus Schülern unterschiedlicher Schulen oder zumindest unterschiedlicher Klassen, was bedeutet, dass das Lernmaterial von verschiedenen Lehrern kommt und somit ganz anders aufgebaut ist. Andere Aufgaben können dir helfen, es besser zu verstehen.

Lerngruppen sind in erster Linie natürlich für den kommunikativen Lerntypen geeignet, da man sich über die einzelnen Themen unterhält und unterschiedliche Ansichten wahrnimmt. Manchmal entstehen dabei sogar richtige Diskussionsrunden, was natürlich ein großer Vorteil ist.

Für den auditiven Lerntyp kann eine Lerngruppe sowohl vorteilhaft, aber auch von Nachteil sein, je nachdem wie diese aufgebaut ist. Wenn über den Lernstoff gesprochen, vielleicht sogar etwas darüber vorgetragen wird, dann kann der auditive Lerntyp einiges davon mitnehmen. Sollte aber eine heiße Diskussion mit unterschiedlichsten Ansichten und Wahrheiten entstehen, kann dies zu einer starken Verwirrung führen, die am Ende in Zweifel ausarten.

Auch der visuelle Lerntyp kann aus Lerngruppen profitieren, da er unterschiedlichstes Lernmaterial zu Gesicht bekommt und dieses für sich aufnehmen kann. Wenn er etwas Neues sieht, das er mit dem Gelernten verknüpfen kann, setzt es sich noch besser im Geist fest.

Sogar der haptische Lerntyp kann einiges aus der Lerngruppe für sich mitnehmen. Wenn man selbst keine Ahnung hat, wo man das zu Lernende praktisch anwenden kann, gibt es die Möglichkeit sich mit anderen auszutauschen, die möglicherweise eine Idee besitzen. Dies ermöglicht ganz neue Ebenen der Kommunikation und hilft dabei, auch bei größeren Schwierigkeiten voranzukommen.

Lerngruppen sind an sich eine wunderbare Gelegenheit für alle Lerntypen an weiteres Lernmaterial zu kommen und vielleicht gemeinsam mit Gleichgesinnten einen Weg zu finden, das zu Lernende zu verstehen. In diesen Gruppen treffen oft alle Lerntypen zusammen. Manchmal gibt es auch typenspezifische Lerngruppen, die das Ganze noch einfacher gestalten.

SQ3R

Bei der SQ3R-Methode handelt es sich um eine Form des effektiven Lesens. Hierbei stehen die einzelnen Zeichen wieder für jeweils ein oder sogar mehrere Worte.

S: steht für “survey”. Auf Deutsch: „Den Überblick gewinnen.“

Q: steht für “question”, also Fragen stellen.

3R: steht für dreimal R.

Das erste R steht für “read”, also für lesen.

Das zweite R steht für “recite”, also das Wiedergeben.

Und das letzte R steht für “review”, also einen Rückblick.

Wie du dir sicherlich vorstellen kannst, ist das effektive Lesen eine aufwändigere Form des Lesens. Du beginnst also dir einen Überblick über das zu Lesende zu verschaffen, indem du die Überschriften, vielleicht, sofern vorhanden, den

Klappentext oder eine Zusammenfassung aus dem Internet liest. Dann liest du einmal quer durch das Buch, achtest auf die Absätze, den Textaufbau, die Überschriften und einzelne Stichwörter.

Im nächsten Schritt notierst du dir einige aufgekommene Fragen. Im besten Fall zu jedem einzelnen Abschnitt eine. Das weckt deine Aufmerksamkeit und Konzentration.

Als Nächstes beginnst du den Text Absatz für Absatz in deiner ganz eigenen Geschwindigkeit durchzulesen und die wichtigsten Dinge zu markieren oder rauszuschreiben.

Anschließend gibst du den Text selbst wieder. Dies kannst du tun, indem du einem Klassenkameraden oder deinen Eltern den Text wiedergibst oder indem du es dir schriftlich notierst. Hierbei kannst du deine zuvor gestellten Fragen als Stütze nehmen und sie selbst beantworten.

Zu guter Letzt beginnst du die einzelnen Abschnitte für dich in einen Zusammenhang zu bringen, um den gesamten Text zu begreifen.

Diese Methode ist gerade für den visuellen Lerntypen von Vorteil, da man sich immer wieder auf denselben Text konzentriert und dabei sich ein Bild des Ganzen macht.

Doch auch der kommunikative Lerntyp hat davon einiges, da er spätestens in der recite-Phase das Gelernte wiedergibt und ins Gespräch bringt.

Dem auditiven Lerntypen hingegen wird es schwerfallen, sich eine so lange Zeit auf einen Text zu konzentrieren und diesen zu lesen.

Auch der haptische Lerntyp ist eher nicht derjenige, für den diese Technik geeignet ist, da es kein spezifisches Anwendungsgebiet gibt.

PQ4R Methode

Die PQ4R-Methode ist die ausgeweitete Methode der SQ3R. Hierbei handelt es sich ebenfalls um effektives Lesen und ist daher für die gleichen Lerntypen geeignet.

Hier stehen die Buchstaben für die folgenden Wörter:

P: steht für "preview", also Vorprüfung, welche ähnlich dem "survey" ist.

Q: steht hier ebenfalls für "question", also Frage.

4R: steht für viermal R.

Das erste R steht wie bei der vorherigen Methode für "read", also lesen.

Das zweite R steht für "reflect", also nachdenken.

Das dritte R steht auch hier für "recite", also wiedergeben.

Und das letzte R steht auch hier für "review", also den Rückblick.

Auch hier beginnst du damit, dir einen Überblick über den Text zu nehmen und gehst wie zuvor vor.

Allerdings fügst du hier noch das Inhaltsverzeichnis des Textes und sofern vorhanden den Klappentext oder eine inhaltliche Zusammenfassung aus dem Internet hinzu.

Im zweiten Teil gehst du genauso vor, indem du beginnst für jeden Absatz eine Frage zu stellen.

Hier ist in der reading-Phase wichtig, dass du genauso wie zuvor in deiner Geschwindigkeit liest. Allerdings beantwortest du die Fragen bereits in dieser Phase. Dies verlangsamt deine Lesegeschwindigkeit natürlich, doch macht dich noch aufmerksamer auf den Text, da du gezielt Antworten zu deinen Fragen suchst.

In der Nachdenk-Phase beginnst du den Inhalt des Textes auf seine Richtigkeit zu prüfen. Das heißt, du baust dir eine kleine Erörterung auf und suchst passende Beispiele und Gegenbeispiele für die Argumente und prüfst diese mit kritischem Blick. Dies bringt dich dem Text einen großen Schritt näher und schafft gleichzeitig ein besseres Verständnis für das Thema.

In der Wiedergabe-Phase werden die Fragen aus dem zweiten Teil erneut aufgegriffen und nun schriftlich beantwortet. So kommst du dazu, über die zuvor wahrgenommen Themen erneut nachzudenken.

In der letzten Phase fasst du den gesamten Text erneut mündlich oder schriftlich zusammen. Dies kannst du natürlich auch gemeinsam mit einem Lernpartner machen, der dann deine Zusammenfassung wiederum auf Richtigkeit prüft.

Karteikarten

Das Karteikartenprinzip wird gerne gerade beim Lernen von Vokabeln anderer Sprachen verwendet, da man dort beide Seiten beschriften kann und so Wort für Wort übt. Allerdings kann man dies auch für alle weiteren Themen verwenden. Du kannst auf die eine Seite der Karte ein Schlagwort setzen, welches so vermutlich in einer Frage der Klassenarbeit vorkommen wird und dann auf die Rückseite den dazugehörigen Text mit dem wichtigsten Wissen. Dann mischst du die Karten und gehst sie Schritt für Schritt durch. Du liest dir die Texte durch, die du nicht weißt und packst diese auf einen Stapel. Die bei denen du nur einen Teil wusstest auf einen zweiten Stapel und die bei denen du alles wusstest auf einen dritten Stapel. Dann beginnst du den ersten zu wiederholen und wenn dieser durchgearbeitet ist den zweiten. Den dritten wiederholst du erst in der nächsten Lernphase und dort als Erstes. So gehst du immer wieder voran und behältst am Ende mehr bei als bei einem Blatt. Vor allem wenn du die Karten immer wieder mischst. Denn dadurch hast du die einzelnen Themen immer wieder in einer neuen Reihenfolge, so wie es auch in einer Klassenarbeit der Fall sein wird.

Diese Form des Lernens ist am ehesten etwas für den visuellen Lerntypen, da dieser sich die Form der Karten einprägen und ein Schlagwort mit einem Bild versehen kann.

Allerdings kann diese Lerntechnik auch von dem kommunikativen Lerntypen genutzt werden, wenn dieser sich einen Lernpartner sucht, mit dem er über die einzelnen Themen sprechen kann.

Sogar der haptische Lerntyp kann sich einiges von dieser Art herausnehmen, da er im weitesten Sinne etwas in der Hand hält und somit eine Anwendung des Ganzen hat. Sofern dies bereits ausreicht, kann diese Form des Lernens sehr gut weiterhelfen.

Für den auditiven Lerntypen ist diese Form am wenigsten geeignet. Allerdings kann er sich die Karten immer wieder laut vorlesen. Sinnvoller wäre hier allerdings eine Audiodatenbank in Form von Karteikarten. Das heißt, jedes Thema ist eine einzelne Audiodatei. Das erste was man hört, ist das Schlagwort, dann Pause und dann die Lösung. Diese kann man dann im Shuffle durchspielen und so immer wieder in anderen Reihenfolgen anhören.

Mindmap

Die Mindmap ist die klassischste Lerntechnik für den visuellen Lerntypen. In die Mitte kommt das Schlagwort, also das Lernthema, und außen herum alle wichtigen Randdaten mit Unterdaten.

Auch der kommunikative Lerntyp kann sich Vorteile aus einer Mindmap verschaffen, indem er beginnt sich mit anderen über die einzelnen Themen zu unterhalten.

Sogar der haptische Lerntyp kann etwas aus dieser Technik herausnehmen, da es sich hierbei wieder um eine praktische Anwendung handeln kann. Allerdings ist dies weit hergeholt und wird nicht immer helfen.

Diese Technik ist für den auditiven Lerntypen gar nicht geeignet, da er mit Bildern nicht arbeiten kann.

Brainstorming

Brainstorming ist der Überbegriff vieler einzelner Lerntechniken. Unter anderem gehört hierzu auch die Mindmap.

Allerdings ist Brainstorming, je nachdem um welche Form es sich hierbei handelt, für jeden Typen geeignet.

Während die Mindmap eher den visuellen Typen anspricht, kann auch eine Diskussion zum Brainstorming genutzt werden und somit den kommunikativen Typen ansprechen.

Beim Brainstorming gibt es ebenso die Möglichkeit, sich Ideen anzuhören oder vortragen zu lassen, was wiederum den auditiven Lerntypen anspricht, welcher im besten Fall einfach bei den kommunikativen Lerntypen dabeisitzt und sich deren Diskussion anhört.

Zu guter Letzt kann das Brainstorming dem haptischen Lerntypen helfen einen Weg zu finden, das zu Lernende anzuwenden oder ein Anwendungsgebiet erschließen.

Brainstorming ist sowohl eine Lerntechnik als auch eine Form der Vorbereitung. Denn bereits beim Prioritäten setzen, wird gebrainstormt.

Wiederholung

Vielleicht kannst du es schon gar nicht mehr hören, denn viele Lehrer sagen dies immer und immer wieder. "Wiederholungen sind wichtig." Das ist auch der Grund, warum wir überhaupt nach dem Unterricht noch einmal unsere Unterlagen zur Hand nehmen sollten und sie erneut studieren.

Das hängt damit zusammen, dass wir Menschen Gewohnheitstiere sind und dass wir jeden Tag tausende von Sachen aufnehmen, verarbeiten und speichern müssen.

Stell es dir wie auf deinem Computer oder deinem Smartphone vor.

Das was du im Unterricht lernst, landet in deinem Arbeitsspeicher. Das heißt, es ist für den Moment aufgenommen und gespeichert. Allerdings wird es spätestens beim Runterfahren, also beim Schlafengehen, wieder gelöscht, um freien Platz auf der Festplatte zu schaffen.

Wenn du es allerdings wiederholst, wird es gespeichert, in einem Ordner, tief in den Katakomben des Rechners. Je öfter du es wiederholst, desto mehr wird es unter den Favoriten sichtbar sein und sobald es dort auftaucht, ist es jederzeit abrufbar. Wie viele Wiederholungen du brauchst und wie oft du dich daran setzen musst, ist von Mensch zu Mensch und vor allem von Lerntyp zu Lerntyp unterschiedlich.

Achte bei den Wiederholungen auch darauf, wie du das für dich individuell anstellst. Je nachdem welcher Lerntyp du bist, reicht es dir deine selbst geschriebenen Unterlagen erneut durchzulesen. Bist du allerdings der auditive Lerntyp, lass dir deine Unterlagen von deinen Eltern oder einem Freund vortragen. Bist du der kommunikative Lerntyp, verwickle deine Mitmenschen in ein Gespräch und wenn du der haptische Lerntyp bist, versuche eine für dich geeignete praktische Anwendung des Ganzen zu finden, die du immer wieder wiederholen kannst.

Vor allem gib nicht auf. Es kann sein, dass du dir nach der zweiten oder dritten Wiederholung noch nicht wirklich was gemerkt hast, das ist nicht schlimm. Irgendwann wird der „Klick-Moment" kommen und du wirst es dir merken. Dann vielleicht sogar gleich komplett.

Sowas kommt vor. Wichtig ist, einfach dranzubleiben!

Inhaltsverzeichnis

Ein Inhaltsverzeichnis kann ebenfalls eine gute Unterstützung beim Lernen sein. Wie bei dem Buchrücken des Buchs stehen in einem Inhaltsverzeichnis die wichtigsten Schlagworte.

Wenn du also mehrere Absätze, Kapitel oder Aufgaben hast, kannst du dir ein Inhaltsverzeichnis anlegen, welches dir den Weg zum Erfolg weisen wird.

Diese Methode ist besonders gut für den visuellen Lerntyp geeignet, da es sich um eine Form der bildlichen Darstellung handelt. Gleichzeitig kann es auch für den haptischen Lerntyp genutzt werden, wenn es bereits für das eigene Empfinden eine praktische Anwendung ist.

Sowohl für den auditiven als auch für den kommunikativen Lerntypen ist diese Variante nur in der mündlichen Form sinnvoll, allerdings ist das eher schwer umzusetzen.

Zusammenfassen

Die Zusammenfassung kommt dem Inhaltsverzeichnis sehr nahe. Hierbei werdet ihr aber noch etwas ausführlicher. Hier nehmt ihr euch ebenfalls Absatz für Absatz oder Aufgabe für Aufgabe vor. Allerdings schreibt ihr nicht nur ein oder zwei Wörter, sondern fasst es in euren eigenen Worten zusammen. Der Vorteil daran ist, dass die

Sprache, in der Texte und Aufgaben manchmal formuliert sind, absolut nicht zu unserem eigenen Wortlaut passen. Wenn wir eine Aufgabe nun in unseren Worten wiedergeben, kann dies schon ausreichen die Blockaden zu lösen, die manchmal entstehen.

Wenn du merkst, dass dir diese Methode beim Lernen hilft, nimm dir ein zusätzliches Schmierblatt in der Prüfung zur Hand oder bitte deinen Lehrer darum und versuche, die Texte die du nicht verstehst, in deinen Worten zu formulieren.

Visualisierung

Das Visualisieren ist eine Übung, die natürlich für den visuellen Lerntyp gedacht ist. Doch auch der haptische Lerntyp kann sich hierbei einiges herausnehmen. Versuche hierbei dir ganz genau vorzustellen, wie du das gelernte Wissen anwendest.

Entweder stellst du dir bereits die Klassenarbeit vor, wie du im Unterricht sitzt und das Blatt Papier vor dir liegt und du die Fragen beantwortest. Wenn es aber einen praktischen Anteil gibt, kannst du ihn dir noch eher vorstellen. Für Geschichte reist du in der Zeit, stellst dir die Menschen damals vor und überlege, wie sie sich fühlten, dachten, welche Meinungen sie vertraten und alles was noch wichtig ist. Für Geografie reist du um die Welt.

Stell dir vor, du bist in einem Flugzeug und siehst die Welt von oben. So kannst du dir die Flüsse, Länder und Städte ansehen und sie benennen. Dies geht für viele weitere Fächer wie Biologie, Chemie oder Physik.

Selbst bei Mathematik kann man eine Visualisierung starten. Nicht ohne Grund lernt man in der Grundschule mit Bildern wie zum Beispiel beim Dividieren die Sache mit dem Kuchen oder bei Addition den Obstkorb. Dies kannst du weiter ausbauen. Deiner Fantasie sind keine Grenzen gesetzt!

Spickzettel

Eine Aussage die ich früher von vielen Lehrern hörte und die mich immer wieder stutzig machte: „Schreibt euch ruhig Spickzettel, ich bitte sogar darum. Doch nutzt sie nicht während der Arbeit."

Kannst du dir vorstellen, woran diese Aussage liegt? Vielleicht sagen das auch einige deiner Lehrer. Das ist ganz einfach. Beim Schreiben eines Spickzettels musst du das zu Lernende wiederholen und möglichst eng zusammenfassen. Dies kann dir helfen es zu verinnerlichen. Würdest du den Spickzettel nutzen wollen, müsstest du schnell sein und hättest keine Zeit alles durchzulesen, oder? Also musst du dir gleich merken, wo was steht. Dies kann so weit gehen, dass du sofort behältst was es zu lernen gibt. Also schreibe dir Spickzettel, nimm sie vielleicht mit, um unterwegs immer wieder draufzuschauen und damit das Gelernte zu wiederholen. Du kannst sie auch bei deiner täglichen Wiederholungsroutine nutzen.

Diese Form des Lernens ist, wie viele andere auch, gerade für den visuellen Lerner gedacht, doch wenn du immer deinen Zettel bei dir hast, gibt er dir die Möglichkeit darüber nachzudenken und vielleicht auch mit anderen über das Thema zu sprechen. Handelt es sich dabei um ein Thema, das man nicht zwangsläufig mit Unterricht verbindet, kannst du sogar ganz nebenbei eine Diskussion darüber starten, wo du dein gelerntes Wissen anbringen kannst.

Diskutieren

Das Diskutieren ist eine sehr hilfreiche Lernmethode, speziell für den kommunikativen Lerntypen. Hierfür solltest du dich mit anderen Schülern zusammensetzen und jeder von euch kann der Reihe nach eine These zum Lernthema in den Raum werfen, die ihr ausdiskutiert. Achtet dabei darauf, dass ihr auf die richtige Lösung kommt. Habt also dazu immer eure Unterlagen parat, mit dem ihr die Wahrheit aufdecken könnt.

Aufnehmen und abhören

Diese Variante des Lernens ist speziell für den auditiven Lerntypen geeignet. Hierbei nehmt ihr euch selbst auf, während ihr das zu Lernende vortragt und hört euch das wie in einem Hörbuch immer wieder an. Wenn ihr eure Stimme nicht mögt, wie viele dies tun, fragt eure Eltern oder Freunde, ob sie euch Sprachnachrichten oder Aufnahmen schicken können, indem sie dies vortragen.

So könnt ihr ebenfalls die Themen wiederholen und müsst euch nicht nur auf den Unterricht selbst verlassen.

Wenn es um Schaubilder geht, versucht sie so gut es euch möglich ist zu beschreiben. Nehmt sie wörtlich auseinander und legt sie beim Hören des Themas neben euch, sodass ihr das Gesprochene verbinden könnt, wenn euch doch mal nur das Bild angezeigt wird.

Nur noch wenig Zeit

Natürlich solltest du, nachdem du dieses Buch gelesen hast, keine Aufgaben und Prüfungen mehr auf der Strecke lassen. Doch leider kann sowas immer mal wieder passieren, da wir menschlich sind und Dinge gerne vergessen.

Vielleicht hast du auch etwas nach hinten geschoben, weil es nicht das Wichtigste war und euer Lehrer eröffnete euch in der letzten Unterrichtsstunde eine Klassenarbeit in der nächsten Woche. Leider kann das immer wieder vorkommen. Hier gilt nun ein kleiner Weg der Schadensbegrenzung. Sei dir im Klaren, dass du nicht die Bestleistung geben wirst, die du von dir selbst mittlerweile erwarten könntest. Akzeptiere, dass du vermutlich eine schlechtere Note erhältst.

Nun geht es darum, die Note dennoch bestmöglich ausfallen zu lassen, sodass sie deinen Schnitt nicht komplett versemmelt oder du sogar eine 6 schreibst. Hier also die wichtigsten Regeln:

Keine Panik! Es wird nichts so heiß gegessen, wie es gekocht wird. Natürlich hast du nur noch sehr wenige Tage Zeit, einen Berg von Unterrichtsmaterial zu erlernen, den du vielleicht noch nicht einmal verstehst. Das ist eine Aufgabe mit einem unerreichbaren Ziel. Das und die Tatsache der Angst vor dem Versagen breitet sich gerne als Panik in uns aus. Doch das darf nicht vorkommen. Wenn du also eine solche Botschaft erhältst, atme ein paar Mal tief durch und versuche dich zu sortieren.

Schreibe dir einmal die Themen auf, die in der Arbeit vorkommen werden und beginne sie für dich selbst zu sortieren. Gibt es dabei vielleicht schon etwas, was du beherrschst? Dann stelle es ganz ans Ende der Lernliste. Gibt es etwas, wo die Wahrscheinlichkeit höher ist, dass es abgefragt wird als etwas Anderes? Dann hat das die höchste Priorität.

Ja, vielleicht benötigst du durch dieses Aufschreiben etwas der Zeit, die du aktuell nicht glaubst zu haben, doch so schaffst du es, dich während dem Lernen nicht zu verzetteln.

Jetzt wo du weißt, was und in welcher Reihenfolge du lernen solltest, beginne dir einen Zeitplan zu schaffen. Versuche deine Höchstleistungen von dir abzuverlangen und vertage Treffen mit Freunden. Informiere diese und auch deine Familie, dass du in den nächsten Tagen bis zur Prüfung jede freie Minute brauchst.

Achte beim Erstellen deines Lernplans allerdings darauf, dass du dir trotzdem ein paar freie Minuten gönnst. Nutze diese, um tief durchzuatmen und vielleicht sogar um spazieren zu gehen. Versuche dich von Social Media in dieser Zeit fernzuhalten, da du dort zum einen gerne hängenbleibst und zum anderen kann dies sogar ein Stressfaktor sein, weil du wieder irgendeinen Bericht oder Post liest, der dir auf die Nerven geht.

Kaufe dir die Dinge, die du zum Lernen brauchst, also auch Essen und Trinken. Beginne in dieser Phase keinesfalls eine Umstellung, das kannst du danach immer noch tun!

Versuche alles zu vermeiden, dass dich ablenken oder deinem Körper zusätzlichen Stress bereitet.

Nutze Wartezeiten wie zum Beispiel das Warten an der Kasse oder vielleicht auch die Fahrt zur Schule im Bus oder der Bahn, um das bereits Gelernte erneut durchzulesen. Habe dafür immer deine Karteikarten oder einen selbstgeschriebenen Spickzettel dabei, so kannst du all die kleinen Momente nutzen, um noch einmal über alles drüber zu lesen und schaffst dir Raum für die perfekten Wiederholungen.

Wenn es dir möglich ist, schreibe dir wichtige Stichworte auf Klebezettel und verteile diese in der gesamten Wohnung, sodass du immer wieder darauf schauen kannst. Je nach Lerntyp kann es sogar hilfreich sein, unterschiedliche Farben zu verwenden.

Außerdem nutze die letzten Minuten vorm zu Bett gehen und die ersten Minuten nach dem Aufstehen für deine Wiederholungen. In dieser Zeit sind wir am aufnahmefähigsten. Du wirst merken, dass du dir dann die Sachen noch schneller einprägen kannst.

Zuletzt gebe ich dir noch den Tipp, gelassen in den Tag der Prüfung zu starten. Du weißt, du hast alles dir mögliche getan, um den Schaden einzudämmen. Sei kein Perfektionist. Sei realistisch und sage dir: „Diesmal wird es nicht das Beste, was ich leisten kann, aber ich schaffe mein Bestes des heutigen Tages zu geben.“

Begehe nicht den Fehler, vor der Prüfung noch einmal über alles drüber lesen zu wollen. Das versetzt dein Gehirn in Stress. Vielleicht gönnst du dir vor der Schule sogar noch einen Spaziergang, eine Meditation oder etwas, dass dich zur Ruhe bringt, sodass du in der Prüfung selbst keinen Blackout erhältst. Du weißt auch, dass beim nächsten Mal alles besser ist und wirst aus diesem Fehler lernen, sodass er so schnell nicht wieder vorkommt.

Ausgleich ist wichtig

So seltsam es klingen mag, doch neben den Belohnungen für deine Erfolge ist auch ein Ausgleich zum Lernen sehr wichtig. Dies gilt nicht nur in der Schule, sondern kannst du dir gleich für später im Berufsleben aneignen. Weißt du, warum so viele Menschen unglücklich sind, auch wenn sie Geld und Familie besitzen und vielleicht sogar das größte finanzielle Glück, das du dir vorstellen kannst? Ganz einfach: Sie haben keinen Ausgleich. Viele Stars haben das mittlerweile erkannt, dass ihr Ruhm, das Geld und all dies sie nicht glücklich macht. Daher ist es wichtig, sich einen Ausgleich zu schaffen, der, gerade im Fall der Schule, vielleicht sogar was mit Bewegung oder Abschalten des Geistes zu tun hat.

Denn dein Gehirn strengst du den ganzen Tag an, deinen Körper allerdings nicht. Wenn du später einem handwerklichen Beruf nachgehen solltest, wird es umgekehrt sein. Dein Körper wird ausgelastet sein und dein Geist benötigt den Ausgleich.

Im Folgenden gebe ich dir ein paar Beispiele an die Hand, wie du einen Ausgleich für dich finden musst. Manche haben noch nicht einmal etwas mit Bewegung zu tun.

Freizeitgestaltung

Allgemein ist es wichtig, dir deiner Freizeit bewusst zu werden, diese aber auch nur mit Dingen zu füllen, die DIR wichtig sind. Klar ist es dir auch wichtig, Zeit mit deiner Familie oder deinen Freunden zu verbringen und da kann man auch mal Dinge unternehmen, die man an sich ungern tut. Doch versuche in deine Freizeit hauptsächlich das zu packen, dass dir wirklich Spaß macht und gleichzeitig sie nicht zu voll zu stopfen! Überlege dir genau, was du unternehmen willst und bereite deinem Geist keinen weiteren Stressfaktor. Stress hast du durch die Schule und das Lernen genug, vielleicht sogar in Bezug auf zwischenmenschliche Kontakte und zudem bist du vermutlich in der Pubertät. All das sind Stressfaktoren, die du nur schwer beeinflussen oder auch gar nicht abschaffen kannst. Daher ist es wichtig, dir nicht noch zusätzlichen Stress zu bereiten. Also beginne deine Freizeit mit schönen Dingen zu gestalten. Vielleicht fotografierst oder drehst du dabei Videos oder bastelst Dinge, die du in ein Erinnerungstagebuch kleben oder schreiben kannst, sodass du dich auch in einigen Jahren noch daran erinnerst.

Der Vorteil daran, etwas zu tun, dass man gerne tut, ist, dass man oftmals schnell neue Menschen kennenlernt, die zumindest das eine Interesse mit einem teilen und schwups hat man neue soziale Kontakte fernab von Schule und Familie, was langfristig eine weitere gute Stütze sein kann.

Meditation

Eine weitere Sache die immer mehr im Kommen ist, ist die Meditation. Vielleicht hast du bereits davon gehört und vielleicht gehörst du zu denjenigen, die sie umsetzen. Leider wird gerade unter den Jugendlichen Meditationen oftmals verachtet, doch lass dich davon nicht abbringen. Erstens muss niemand wissen, was genau du tust und zweitens kann eine Meditation dir helfen deinen Körper und Geist zu klären, sodass du produktiver und wacher bist.

Das mag komisch klingen, doch was macht man in erster Linie, wenn das Smartphone langsamer ist? Man startet neu, oder? Genau das kannst du mit einer Meditation in deinem Kopf anstellen. Einen Neustart, um alles Unwichtige zu verdrängen und dich wieder auf das Wichtige zu fokussieren.

Wenn das Smartphone dann immer noch langsam läuft, was tust du danach? Genau, du löschst unwichtige Dinge.

Auch das kannst du mithilfe einer Meditation erreichen. Wenn du in dein Innerstes hörst, erhältst du die Möglichkeit auf Dinge aufmerksam zu werden, die du vielleicht zuvor verdrängt hast und die dich immer wieder aus dem Konzept bringen, obwohl sie nicht wichtig sind. Also kannst du sie ganz bewusst löschen. Steht ein Konflikt im Raum, den du noch nicht beendet hast, wirst du darauf aufmerksam und kannst ihn anschließend beseitigen. So hast du die Möglichkeit im Nachhinein wacher und effektiver zu werden.

Der Vorteil an Meditationen ist, dass sie zeitunbegrenzt sind. Wenn du insgesamt nicht mehr viel Zeit zum Lernen hast, kannst du dich in eine 5-minütige Meditation begeben und bist wacher und klarer als zuvor. Hast du mehr Zeit kannst du 20 Minuten oder noch länger meditieren und findest immer mehr heraus.

Mithilfe von Meditationen oder auch Achtsamkeitsübungen kannst du es schaffen, dich selbst in der stressigsten Situation zu beruhigen und einen klaren Kopf zu bewahren. Je früher du mit Meditationen beginnst, desto leichter wird es dir fallen und glaube mir, du kannst sie dein Leben lang gebrauchen.

Für den Anfang rate ich dir geführte Meditationen. Diese findest du auf allen gängigen Social Media Plattformen wie YouTube, Spotify, TikTok und so weiter.

Spaziergänge

Ein perfekter Ausgleich zum Lernen und der Schule sind Spaziergänge. Idealerweise irgendwo da wo es grün und angenehm zu laufen ist. Wenn du in der Nähe einen Wald, ein Feld oder einen See hast, ist das perfekt, aber auch ein kleiner Park in der Stadt kann bereits ausreichen, wenn du es nicht schaffst, woanders hinzufahren. Nimm deine Kopfhörer, schalte deine Lieblingsmusik an und beginne zu spazieren. Du kannst dir dafür die Zeit nehmen, die du brauchst. Keiner zwingt dich stundenlang zu spazieren. Alleine 20 Minuten reichen aus, um den Kopf freizubekommen.

Wenn du die Möglichkeit hast, in der Natur zu spazieren, rate ich dir sogar auf die Kopfhörer zu verzichten. Die Geräusche der Natur wirken ganz automatisch beruhigend auf unseren Körper und Geist und schaffen eine ganz eigene Atmosphäre. In der Stadt wiederum empfehle ich dir Musik, da der dortige Lärm eher Stress bedeutet.

Selbst herunterfahren durch Atmen

Dies ist eher ein Tipp, wenn du gerade eine Auseinandersetzung, eine hitzige Diskussion oder einen Streit hinter dir hast. Ziehe dich aus dem Raum zurück und setze dich an einen ruhigeren Ort. Vielleicht nimmst du dir auch hier Musik zur Hand. Dann beginnst du tief durchzuatmen. Vermutlich wirst du regelrecht fühlen, wie dein Blut durch die Adern pumpt, die Wut drückt auf deinen Bauch und dein Herz schlägt schnell, oder? Genau dann ist es wichtig, dich selbst herunterzufahren. Dies ist keine Grundlage, um den Tag weiterzumachen oder vielleicht sogar dich noch ans Lernen zu setzen.

Also atme tief ein, halte den Atem kurz an und lass ihn dann wieder raus. Konzentriere dich in dieser Zeit nur auf den Atem und versuche die Gedanken gehen zu lassen. Wenn du etwas geübt darin bist, versuche deine Wut beim Ausatmen mit der Luft aus deinem Körper tragen zu lassen und Ruhe mit dem Einatmen in dir aufzunehmen. Nimm dir hierfür die Zeit, die du brauchst. Nach und nach wirst du merken, dass du ruhiger wirst, vielleicht erkennst du sogar, dass du einen Fehler begangen hast. Wenn nicht, dann verzeihe dem anderen seinen Fehler. Denke immer daran: Wir Menschen sind nicht unfehlbar und so kommt es eben manchmal zu solchen Situationen. Sei dankbar für die Möglichkeit, daraus zu lernen und überlege, wie du beim nächsten Mal vielleicht eine Diskussion im Keim ersticken kannst, indem du etwas anderes sagst oder tust. Sobald du wieder ruhig bist, kannst du dich dem restlichen Tag widmen und wirst automatisch effektiver.

Dies gilt im Übrigen auch in der Schule. Auch wenn dort vielleicht nicht immer alle Zeit der Welt besitzt, kann eine Atemübung in wenigen Minuten bereits positive Auswirkungen auf dich haben. Versuche es.

Das richtige Vorgehen bei Prüfungen

Nun ist es soweit, die Klassenarbeit steht kurz bevor. Du hast dir alle Mühe gegeben und intensiv gelernt. Anders als zuvor fühlst du dich vielleicht sogar vorbereitet, doch was nun?

Wie bereits in Kapitel neun geschrieben, solltest du auch hier nicht nach Perfektion streben. Du wirst dein Bestes geben und das ist ausreichend. Niemand ist perfekt und auch du musst es nicht sein.

Lass auch hier das noch einmal Drüberschauen vor der Prüfung sein. Das führt gerne zu Blackouts.

Schlaf in der Nacht vor der Arbeit ordentlich durch. Vielleicht gehst du einfach etwas früher ins Bett.

Nimm dir am Morgen vor der Prüfung genug Zeit zum Frühstücken. Je nachdem in welcher Stunde sie ansteht, kannst du ausgiebig oder leicht frühstücken.

Vielleicht stehst du am Tag der Arbeit etwas früher auf und gehst am Morgen noch einmal spazieren oder meditierst für einen guten Start in den Tag

Versuche am Tag der Klassenarbeit sämtlichen Konflikten aus dem Weg zu gehen, sodass deine Gedanken sich auf die Arbeit und das Gelernte fokussieren können.

Atme tief durch, bevor du mit der Klassenarbeit beginnst. Vielleicht hast du genug Zeit, bevor alle

Arbeiten verteilt sind, noch einmal in dich zu kehren und eine Mini-Meditation durchzuführen.

Lies dir einmal den kompletten Bogen durch oder wenn du merkst, dass du die erste Aufgabe erledigen kannst, beginne sofort damit.

Wenn du an einer Aufgabe stecken bleibst, überspringe sie und gehe weiter zur nächsten. Verschwende erst einmal keinen Gedanken mehr daran. Du kannst dich später darum kümmern.

Am Ende kannst du dir die offenen Aufgaben noch einmal ansehen. Was fehlt dir? Vielleicht weißt du es jetzt doch, wenn nicht formuliere die Aufgaben für dich selbst um.

Wenn du eine Aufgabe wirklich nicht schaffst, mache dich nicht fertig dafür. Lobe dich für alles, was du erreicht hast.

Schlusswort

Nun hast du einiges zum Thema richtiges Lernen erfahren. Wichtig ist erst einmal zu erkennen, welcher Lerntyp du bist. Wie bereits erwähnt, kann es auch sein, dass du nicht nur einem Typen angehörst. Beobachte dich und finde heraus, was für dich das Richtige ist. Beginne dir eine Routine aufzubauen und nimm alle Ablenkungen von dir. Gleichzeitig solltest du daran denken, dich für deine Fortschritte zu belohnen und dir einen Ausgleich zu schaffen, denn nur so wirst du am Ende, wenn die große Prüfung ansteht, dein Bestes geben und auch hierbei richtige Erfolge sehen, welche du dir heute noch wünschst. Beginne deine realistischen Ziele zu setzen und lass mich wissen, wenn du erfolgreich warst.

Haftungsausschluss

Die Umsetzung aller enthaltenen Informationen, Anleitungen und Strategien dieses E-Books erfolgt auf eigenes Risiko. Für etwaige Schäden jeglicher Art kann der Autor aus keinem Rechtsgrund eine Haftung übernehmen. Für Schäden materieller oder ideeller Art, die durch die Nutzung oder Nichtnutzung der Informationen bzw. durch die Nutzung fehlerhafter und/oder unvollständiger Informationen verursacht wurden, sind Haftungsansprüche gegen den Autor grundsätzlich ausgeschlossen. Ausgeschlossen sind daher auch jegliche Rechts- und Schadensersatzansprüche. Dieses Werk wurde mit größter Sorgfalt nach bestem Wissen und Gewissen erarbeitet und niedergeschrieben. Für die Aktualität, Vollständigkeit und Qualität der Informationen übernimmt der Autor jedoch keinerlei Gewähr. Auch können Druckfehler und Falschinformationen nicht vollständig ausgeschlossen werden. Für fehlerhafte Angaben vom Autor kann keine juristische Verantwortung sowie Haftung in irgendeiner Form übernommen werden.

Urheberrecht

Impressum

2020

1. Auflage

Kontakt:

Martin Paetz
Gotthardstr.27
13407 Berlin

Printed in Germany
by Amazon Distribution
GmbH, Leipzig

25400484R00068